# 技術システムの神話と現実

## 原子力から情報技術まで

吉岡 斉
名和小太郎

みすず書房

# 技術システムの神話と現実　目次

目次

＊第1章から第8章までは、二〇一四年十月十九日と十一月二十三日に行った対談に、後日、データ・資料を補足した。第9章、第10章は書き下ろしである。

＊第1章から第8章までの章題に付された著者名は、テーマの提案者を示す。

# はじめに

**名和**　この対談に私が期待することを申し上げます。それは、私たちが付き合っている技術というものが、人間が作ったものであるにもかかわらず、人間的な尺度を超えてしまって、いろいろな不都合を起こしているのではないか、ということです。これが私の基本的な認識で、それをこの対談で具体的なテーマに即して確かめてみたい、ということです。

吉岡さんと私とは、経歴も違いますし仕事も違っています。私の方は縦社会を横歩きしてきた人間で、そういう退役技術者として話をさせていただきたい。それから戦後の技術導入を知っている世代、そういう世代の一員として、話をさせてもらいたい。

**吉岡**　私の方から、名和さんとの今までの関係について述べます。最初にお会いしたのは一九八六年頃で、川崎市の総合情報行政システム委員会で委員としてご一緒したのが初めで、私の方は政治学者で東大法学部教授の篠原一さんから委員への推薦があり、それでお会いした、と。年齢差は二二歳ぐらいありまして、私の方がずっと後輩であります。それ以来、さまざまの研究会等で、お付き合いをさせていただくようになりました。特にこの二〇年近くの間、九〇年代初頭からですけれども、毎年お会いするようになりました。戦後日本の科学技術の社会史というプロジェクトを私たちで立ち上げ、その初代のリーダーが高名な科学史家の中山茂先生でしたが、二〇〇五年から私がリーダーを引き継いで現在に至っているわけです。そこではあらゆる主要な科学・技術分野を対象としていますが、情報科学・技術関係は名和さんをおいてほかにいないから、名和さんにこの分野のチーフとなっていただきました。名和さんに章として立てるべき重要テーマを選んでもらい、執筆候補者も推薦してもらうという、おんぶに抱っこのような形で、情報科学・技術に関する分野はおまかせしてしまいました。非常に大きな貢献をいただいております。

技術についての見方といいますか、私は技術の現場で技術者をやったことがありません。高校時代から将来は研究者になろうと思ってきました。大学時代は当初、理論物理をやろうと思っていたのですが、その後、科学技術の現代史というか、科学あるいは技術を外側から批判的に見るという活動に次第に惹かれていきました。そして大学院に進んでからその領域の研究者をずっとやってきたということであります。名和さんが得意な分野は科学技術の中で主にコンピュータとか情報ですが、私はもうちょっと冷戦的な分野に惹かれまして、最初に本格的に取り上げたのは核融合なんですけれども、そういう分野を取り上げ、外野席から冷ややかに批判的に分析をするという、そういうことをずっと続けてきました。名和さんも技術開発の内側にいながら、冷静な観察者的見地を持ち続け、やがて内側から外側に、ある年齢から転じられた。基本的に、非常に似通った技術に対する批判的な見方というのを共有しているんじゃないかというふうに思いましたので、これまで親密なお付き合いを続けてきたというふうに認識しております。

この本のタイトルは、「技術システムの神話と現実」ということで、なんでこんなタイトルを思いついたのかというと、私が大学院生の頃に『消費社会の神話と構造』というボードリヤールという哲学者の本が（注：Jean Baudrillard『消費社会の神話と構造』紀伊國屋書店、一九七九年）、なぜか私の周囲では話題になっていたのを覚えていますが、このタイトルは、私のやってきたことと非常にマッチしていると思います。神話が語られ過ぎてきたというようなところが、特に科学・技術に関してあります。大げさな科学・技術であればあるほど神話が増幅するというようなところがあります。それを批判的に詮索しようという問題意識をずっと基本的に持ち続けてきたので、このタイトルを思いついたということです。

私の批判的分析の対象として、最初に取り上げたのは核融合ですけれども、その後、原子力全般に広げました。現在の主たる対象は原子力です。あるいは宇宙科学・技術とか、そういうどちらかというと巨大科学、巨大技術と言われるものを分析するのを得意としてきました。それで名和さんに、まだ私が三〇歳代の頃に宇宙の話をしたら、昔現場にいたというようなことを言われて、びっくりしました。種子島に行ってロケット打ち上げに技術者として立ち会っていたとか、そういうつながりもあるんだなというようなことで、ますます親近感が湧きました。それも、その後のおつきあいの一つの粘着力、接着剤にはなっている。とにかくいろんな現場を見ておられるというのが名和さんの強みであって、これは正に現代史の証人みたいな方であって、ぜひその証人的な話も聞かせて頂きたいなというのが、私が対談に期待する最も重要な点の一つであります。よろしくお願い致します。

**名和**　私も自己紹介した方がいいですね。大学では、物理学科地球物理コースに籍を置きました。地球物理に入ったのは、寺田寅彦のお弟子さんに教えを乞いたかったからです。なぜかといえば、中学生のときに寅彦の「電車の混雑について」（『万華鏡』所載）を読み、その面白さに興奮したからです。当時、寅彦の仕事は「小屋がけの物理学」などと軽蔑されていました。

卒業後、石油開発分野の国策会社に入り、地震探査の現場で仕事をしました。探査法も探査機器も導入技術でした。数年たつと時代は高度成長へと移り、中央研究所ブームが始まりました。私はそちらに惹かれ、装置工業の中央研究所に籍を移しました。装置工業ですから物理屋は傍流でして、結局そこで、主流が嫌がるあれこれの仕事を押しつけられた、ということです。ただし、何にでも口出しできるというのが要素還元主義、数量還元主義に毒された物理屋の特技ですね。私はそれらの課題をＩＢＭ７０４０（７０４の半導体素子版）に頼ってこなしました。じつはこなせなかったというほうが実情でしたが。

その後、工場に移りまして、ロケット・エンジンの品質管理をいたしました。ロケット・エンジンはいわゆるデュアル・ユース（民生用と軍事用のどちらにも利用できる）のテクノロジーでして、双方の品質保証方式が入れ混じり、苦労いたしました。

その後情報処理部門に移り、コンピュータ・ネットワークの開発や事務計算システムの保守をしました。さらにその後、小さいシンクタンクに移りまして、土光臨調の下働きをしました。電電公社の民営化なども手伝いました。

六〇歳のとき、あろうことか大学の法学部に招かれまして、情報技術と法律との境目で仕事をさせてもらいました。定年後は、独居老人ということで……（笑）。つまり私は、どの組織でも傍流的な仕事をしてきたことになります。私の兄事する市川惇信さんは「中心はリファイン、周辺はゲイン」という名言を吐かれましたが、私は、幸いにも、競争者のいない周辺領域で自由に仕事をさせてもらったことになります。

そういえば、吉岡さんからお誘いを受けて、京都大学経済研究所の佐和隆光さんの主宰する研究会に参加させてもらいました。そこで私も随分いろいろな先生にお付き合いができました。坂本賢三先生、柴谷篤弘先生、吉田夏彦先生、など。ここで中山茂先生にもお目にかかったのではなかったか。

**吉岡**　一九八五年ぐらいにできたんですね。諸科学言語の変換文法研究会と称してトヨタ財団が支援をする形で、京大の経済研究所で話題提供者を呼んでサロンを開いていました。基本的に月一回です。終了後は祇園にくり出して、夜遅くまで酒を酌み交わして談笑しました。私は当時、和歌山大学にいたので、わりあいよく通って、最後まで付き合いました。八八年ぐらいまでですね。……まあ、将来の研究プロジェクトの萌芽となりそうなサロンに対して、フォーラムとして助成するというのをトヨタ財団でやっていました。実は戦後日本科学技術の社会史プロジェクトも、そのスタートアップの時期にフォーラム助成の恩恵を受けたわけです。結局、佐和さんのサロンはプロジェクトに発展させる芽が出なくて無くなってしまったわけですが、いろんな先生がいて、毎回議論するのが楽しみでした。

**名和**　吉岡さんと共著を作ろうと約束したのは、この頃でした。その後は、特に一緒に何かやったっていうことはないですね。

**吉岡**　主に「通史」ですよね、一緒に何かやったと言えば。『通史・日本の科学技術』を出版するためのプロジェクトが八六年に立ち上がって、九五年に最初の四巻が出るわけですが、名和さんは四巻目に書かれたんじゃないでしょうか（『通史・日本の科学技術』全4巻・別巻1、学陽書房、一九九五年）。

**名和**　書いたことは覚えていますが、タイトルは忘れてしまいました。

**吉岡**　「ソフトウェア産業の興隆」という章です。さらに一九九九年に出版された5巻や、二〇一一年から一二年にかけて出版された続巻にも書いて頂いております（『新通史・日本の科学技術』全4巻、原書房、二〇一一―一二年刊）。そのための新通史フォーラムという研究会にお誘いをして。体調のよいときはご出席いただき、ときおり二次会にも来ていただきました。その研究会は頻繁に開かれていたので、そこで年に数回ぐらいはお会いしていた。そんな感じです。

**名和**　補足ですが、この本のタイトルをどうしましょうかと相談したときに、私が提案したのが、『技術：虚と実』でした。初めに申し上げたことですが、技術というと、皆さん、楽観的に理解されていて、これからの日本社会を駆動する力になるという議論が多いわけですね。だが私自身は、そうした技術を支えるだけの体力（資金、知的資源など）が、日本の社会にまだ残っているのかなという懸念をもっています。技術が人間的な尺度を越えた、と先ほど申し上げましたけれども、その裏には今言ったようなことがあるわけですね、私自身の理解は。まあ、歳と共に悲観的になったのかもしれませんが。特に原発事故ですね。あれを見て、またその後処理を見て……。

［名和 追記］

吉岡さんのご紹介にあった川崎市の委員会ですが、それはこの自治体が工業都市であり、技術にかかわる多様な課題をかかえているために設置されたものです。

九〇年代になってからかと記憶しておりますが、この活動についてはさらなる展開がありました。退役技術者にお願いしてボランティアとして、市民の生活と技術の負のアウトプット（交通渋滞、廃棄物処理など）とのインターフェイスをとる活動をしてもらう、その拠点として市民シンクタンクを作る、という計画が練られたのでした。退役技術者のほうは、さまざまな学会名簿から川崎市住在で高年齢の方にアンケートを行い（個人情報保護法のできる前です）、参加意思をお持ちの方々が多数いらっしゃることを確認しました。つけ加えますと、川崎市には、公立、私立の大学、研究所がたくさんあります。

この市民シンクタンク構想は滋賀県の琵琶湖研究所をモデルとし、そこからいろいろと示唆を頂戴しました。そのときに相手をしてくださった研究員が嘉田由紀子さん（後の滋賀県知事）でした。だが、川崎市の市民シンクタンク構想は店晒しになったままお蔵入りになりました。たぶん、ハードウェア（箱もの）なしの計画だったからです。このような事例はよその自治体でも少なくないだろうと、私は推測しています。二〇世紀末から市民と科学者とのあいだのコミュニケーションのあり方が問題になっていますが、これもその伏流の一つであったといってもよいかと思います。

# I　人工物による巨大災害

# 第1章　核施設の過酷事故——巨大人工物の制御

吉岡 斉

**吉岡**　過酷事故というのは、英語でいうsevere accident（シビア・アクシデント）の訳語でありまして、日本の行政用語ではないのですが、原子力関係者の間では、スリーマイル島事故——これは一九七九年アメリカで起きた炉心メルトダウン事故ですけれども、これ以来、広く使われるようになりました。用語自体は昔からあります。

その定義は、ひとつに定まっているわけではないのですが、おおかたの理解では、原子炉システム、あるいは原子炉以外の核施設において起こる事故であり、そのシステムに備えられた技術的な安全確保の手段によっては制御できない事故のことを言います。デザイン・ベース、設計基準を超える事故、ということですね。つまり原子炉には、いろんな安全装置がついているわけだけれども、ついている安全装置だけでは止められない事故のことで、それゆえに多くの場合に放射能の大量放出に至ることになります。幸運にして、放射能の漏洩が少なく留まる事故もあります。過酷事故でもそういう事故がありまして、スリーマイル島2号機の事故はまさにそうだったわけですが、間一髪で圧力容器が破れなかったという幸運に救われました。

原子炉は圧力容器というのが炉心を取り囲む心臓部で、そこが破れたときになお原子炉施設の外に放射能を漏らさないために外側に格納容器というのがついています。圧力容器は厚さ二〇センチ位の鋼鉄製で出来ています。格納容器はコンクリート製の場合もあります。薄い三、四センチの鉄板の外側にコンクリート壁が取り囲むという、そういう構造もありますけれども、はるかに圧力容器よりは弱い。両方が破壊されたら、その外側には工場の建物程度の強度しかない原子炉建屋があるだけで、大量の放射能が外に出てしまうので、そういうシビア・アクシデントは起こさないように設計をするというのが基本ですが、まあただ、想定外は起こり得るので、これを原子力関係者は〝残余のリスク〟という言い方をしているわけです。つまり普通の想定内のリスクなら、原子炉に備えられた安全装置で耐えられるけど、それでは対応できないような事故がごく稀に起こる。これが起きたときが過酷事故なんだ、というわけです。この確率をできるだけ下げようというふうに、原子炉の設計においては考えられていて、一〇万炉年に一度はすでにクリアしていて、最新型は一〇〇万炉年に一度をクリアするんだという、そういう目標値を設定してやっているというのが世界の原子炉の設計者の目標であります。これは国際原子力機関（ＩＡＥＡ）が推奨する目標値です。一〇〇万炉年というのはどういうものかというと、たとえば、今世界に四〇〇基ほど原子炉があるわけですが、四〇〇×Ｘ＝一〇〇万、つまり世界中で二五〇〇年に一度しか過酷事故が起きないという、このくらいが一〇〇万炉年に一回ということ――つまり事実上ほとんど起きない、二五〇〇年に一回という、そういう数字が目標として設定されているわけです。けれど、実際に歴史的に起こった確率でいうと、既に五つの炉が過酷事故を起こしているわけですね。

スリーマイルの2号機と、チェルノブイリの4号機——これは一九八六年に起きた事故で、放射能の大気中への放出量では史上最大のものです。それと福島の1、2、3号機——三つに勘定します。炉年という数え方だと、どうしても三つに数えなきゃ一貫性がないということです。

参考までに、今までの原発の、世界での原発の運転実績は、だいたい一万六〇〇〇炉年です。つまり四〇〇基なら四〇年という、そのくらいの実績なんですね。だから一万六〇〇〇炉年に五回ということは、三二〇〇炉年に一回ということです。それが実績で、目標が一〇〇万炉年に一回ですから、実績の方が三〇〇倍ほど危険だという……。ですから、リスクを下げようと確率論的リスク評価というのが行われていますけれど、その計算値と実績値というのは二桁以上の開きがあるという、そういう状態です。

**名和**　ちなみに、日本の実績はどうなのでしょうか。

**吉岡**　福島で三基事故が起きてしまいましたので、炉年でいうとだいたい五〇〇炉年なんですね、日本の場合は。事故の当時は五四基ありましたけれども、それまでの実績値が一五〇〇炉年に三回だから、五〇〇炉年に一回となります。ですから、世界では三二〇〇炉年に一回に対して、日本では五〇〇炉年に一回、となります。

**名和**　大きく国際水準からは落ちると?

**吉岡**　うーんまあ、福島事故が起きるまでは優れていたわけですけれども。そのぐらい頻繁に起きるということであります。

**名和**　それから、シビア・アクシデントは行政用語ではないとのお話でした。ということはつまり、行政はシビア・アクシデントを考えていなかった、ということでしょうか。シビア・アクシデントに相当する言葉は行政用語にあるのですか。

**吉岡**　そうですね。原子力の規制当局の用語では以前、安全規制の際に〝重大事故〟〝仮想事故〟というカテゴリーがありました。ここで〝重大事故〟というのは、原子炉の運転中に一回くらいは起こるかも知れない程度の事故。〝仮想事故〟というのは仮に想定するということですが、それよりさらに起きる確率が低いけれどももしかしたら起こるかもしれない、念のためにそういうのを仮定しましょう、という性格の事故です。そのシナリオは適当に仮定するわけですが、炉心が高温になって原子炉圧力容器の弁が開いて放射性ガスが格納容器に流れ込むとか、そういう厳しい条件を仮定するわけです。ところが不思議なことに、けっして格納容器は壊れないという前提で、そういう事故の想定がなされていたんです。それゆえここで言う制御できないような事故は起こらない、仮に起きても格納容器は破れないのでそういう事故が起きても大丈夫だから原子炉を認可するという、そういうかたちで〝最大事故〟〝仮想事故〟という概念が立てられていた。今度、福島原発事故が起きたらみんな〝過酷事故〟〝過酷事故〟……と、国際用語で呼ぶようになったのですが、なぜか今の原子力規制委員会は〝重大事故〟というふうに言っています。〝過酷事故〟の方がわかりやすいのですが。〝過酷事故〟のことを〝重大事故〟というふうに行政上は表現しています。

よろしいですか。では福島事故の話に進みます。

福島事故では、1、2、3号機がいずれも圧力容器のメルトスルーを起こした。メルトダウンというのはジルコニウム合金製の核燃料棒の鞘がボロボロになって崩れ落ち、内容物の二酸化ウランが高温で溶けてどんどん原子炉圧力容器の底めがけて落下していって、原子炉圧力容器の底部を浸蝕していくわけですが、そういう状態、核燃料の多くが落下した状態というのをメルトダウンと言い、突き抜けたのをメルトスルーと言います。

メルトスルーすると、格納容器の底の部分に多くの灼熱した核燃料が落ち込むわけですが、格納容器も突き抜けるという、そういう形で放射能が外に漏れる場合もありますし、格納容器に大量の水蒸気を含んだ高温・高圧の放射性ガスが充満し、その内圧と温度で格納容器が破れて大気中に放射能が漏れるという可能性もあります。今回の福島事故の場合には両方起きたんじゃないかと言われています。格納容器は圧力が高まると耐えられませんので、上蓋が変形してそこから放射能が原子炉建屋に漏れ、そこからさらに外部に漏れるというのもありますし、格納容器の横っ腹がガスの圧力によって破裂することもありうる。格納容器破裂は最悪の事態なので、ベントと言って格納容器の外に放射性ガスを排気塔から人為的に出してしまって格納容器の内圧を下げるというような方法もあります。こういうふうに地上から漏れるのもあって、地下から漏れるのもある。溶融した核燃料が、鉄とコンクリートを溶かして潜りこんでいきまして、隙間があるとそこから海に流れるというルートもあって、地上の方で破れると大気の方に流れるという、そういうことで、1、2、3号機はいずれもそうなったと考えられています。

さらに4号機は、原子炉の中が定期検査中で空っぽだったわけですけれども、核燃料プールに取り出したばかりの使用中の核燃料が置かれておりまして、ただでさえ全電源喪失により冷却ができなくなり、プールの水がどんどん減っていくという事態が進行していたのですが、それに加え核燃料プールが大破をするという事故を起こしました。つまり、4号機の方は爆発物はなかったんですけれども、3号機から流れ込んだ水素が排気口へつながるルートを逆流して4号機の原子炉建屋に溜まって、4号機の建屋を吹き飛ばし、ついでに建屋の最上階にあった核燃料貯蔵プールの土台にヒビを入れさせ、４号機も非常に深刻な状態になったということです。非常に危ない状態になったわけです。建屋の屋根がないわけですから、もしプールの水が抜けてしまえばプール内にある使用中の核燃料が溶け、そこから発生した放射性ガスがそのまま外部に拡散するのです。

最悪の場合、どういうことになるかを多くの人が予想しようとしたわけですが、私の当時の予想は次のようなものです。これは新通史フォーラムという科学技術の現代史を書く約一〇〇名のグループのメーリングリストで、三月十四日の段階で私の予想を出したわけです。格納容器の上部が何らかの形で大破壊をすると、その周辺地域は放射線レベルが高くなりすぎて人が寄りつけなくなり、その結果として冷却作業がまったく不可能になる。無人地帯になってみんな逃げて、冷却ができなくなって、福島第一原発にある六基の原子炉と六つの核燃料プール全部が、どんどん温度が上がって、水が蒸発をして放射性ガスを出し放題になって、東日本全体に放射能をまき散らしはじめる。そうすると一二キロ南にある福島第二原発の方も、人が立ち入りできなくなって同じような事態になり、合計一〇基の原発がコントロール不能、冷却不能になるということで、東日本全体が危なくなるというような予想を――まあ物理屋なら誰でも気づくことだと思うのですが、メーリングリストで出したら、びっくりした人が何人かいたようです。

当時からそういう可能性を指摘した人は他にもいました。京大原子炉実験所の小出裕章さんなんかはそうだったと思います。その頃、政府の方は、直ちに危険というわけではないというような情報を一貫して流していて、ＮＨＫはじめ多くのテレビ局でも、原子力学者たちが冷却を続けているからまだまだ大丈夫だといった情報を流していたわけですけれども、私とか小出さんとかは、最悪のシナリオというのもあり得ると思っていた。その可能性を実は政府も検討していたということがその後、分かってきました。その一端が、当時原子力委員会委員長だった近藤駿介さんに官邸がやらせた試算というものです。その内容は4号機のプールが空っぽになって、放射性物質が出放題になるという、そうした場合にどうなるかという予想です。それによると福島第一原発一七〇キロの半径で避難する人が大量に出るかもしれない。場合によっては4号機以外の原子炉（具体的には、福島第一の六基と、福島第二の四基、合わせて一〇基）も考慮すると二五〇キロまでが危険地帯になる、首都圏の大部分が放射能に覆われて、三〇〇〇万人の避難が必要になるかもしれないという、そういう予想を近藤さんは試算結果として示して見せた。これは三月二十五日に官邸に報告されたわけですが、その一〇日ほども前から、実はそのような事態になりそうだということを、官邸の首脳たちは考えていたんですね。福山哲郎官房副長官とか、のちの証言では、そのように語っています。菅直人さんもそういうことになるのが分かっていた。分かっていたからこそ、逃げたら東電はつぶれる、というようなことを東電の本店に乗り込んで、三月十五日の未明にそういうことを言って、官邸と東電の統合対策本部を東電本店内に作らせた。福島第一に東電社員たちを残らせると命の危険があるが、果たして民間人にそこまで要求できるのか、それについても官邸の首脳たちは悩んだそうです。

まあ福島事故ではそういう最悪の可能性もあり得たわけですが、幸いにしてそれが起こらずに済んだ。起こらずに済んだのは、幸運でしかない。2号機が十五日の未明は非常に危なくて、結局、圧力が上がる一方でベントもできないという状態になってしまって、どこが壊れるかという段階に入った。もし格納容器の横っ腹に大穴があくとすごい破壊をするんですね。アメリカでその実験をやったビデオとかにも出てきますが、横っぱらが粉々になって吹き飛び格納容器が崩れ落ちる。このようなことも起こり得る。こうなると今言ったような東日本全体が高濃度放射能汚染に確実になるわけです。実際には格納容器の上部（ドライウェル）と下部（ウェットウェル）をつなぐパイプ、あるいはパイプの付け根が折れたんじゃないかと、そういう壊れ方をしたんで、出るべき放射能が、横っ腹が破れるのに比べて少なくて済んだということで。今言ったような最悪のケースにはならなかった。

で、もう一つは、４号機プールなんですが、あれは冷却水を追加しなければ三日ほどで蒸発して空っぽになるんですが、あれが空っぽにならずに済んだ。それは結局、原子炉の中から核燃料棒を取り出して、原子炉の中を検査しようという段階だったわけですが、まだそれが始まったばかりで、原子炉にいっぱい水を張っていて、水を張った中を核燃料棒をプールに移動させたばかりで、原子炉の水がいっぱい溜まっていた。で、その原子炉とプールの間に、仕切りがあるわけですが、それが爆発の衝撃かなんかで破れてしまって原子炉からプールに水が流れ込んだおかげで、これも偶然なんですが、満タンのまま保たれ、プールが空にならずに済んでいた。それで数日持てばあとは原子炉建屋の上からキリンとか呼ばれるアームの長いコンクリートポンプで水を、五〇メートルの高さから水を注ぐという、そういうことができますので、何とか事なきを得たということですが、そのような最悪のことが起こり得る危険というのは2号機が一番危なかったし、４号機もあとで危なくなった。その真っ最中に新通史フォーラムのメーリングリストで名和さんたちと色々と議論を交わしました……。

**名和**　はい、私も4号機が危ないのではないかと投稿して、そうだ、というご返事をいただきました。

**吉岡**　本当に危なかったんですけど。

**名和**　はじめのうちは3号機までの話しか出てなかったですね。

**吉岡**　そうですね。4号機は炉心から出したばかりのフレッシュな核燃料でした。これは停止した瞬間の出力というのは運転時の六％くらいあって、その後も運転時の一％前後くらいまではすっと落ちるのですが、その後は落ち方が緩慢になる。とにかくかなりの発熱量ですので、取り出したばかりの核燃料というのは非常に発熱量が多く、三日くらいでプールの冷却水を全部蒸発させて空にしてしまうという、そのぐらいのものであることに関係者は後で気がつきました。特にアメリカ軍関係者が一番恐れたようで、アメリカ軍関係者は自国民に対して八〇キロ以上遠ざかれと勧告を出した。八〇キロは五〇マイルです。その後さらにアメリカ軍の中枢的な軍事基地を抱える首都圏からも、かなりの部隊が逃げたらしいですね。ハワイとかグアムとか沖縄とかに。アメリカ軍が一番怖がっていたのです。が、上空からヘリコプターで見たら、4号機プールの水面がピカッと光って、大丈夫のようだということになって、とりあえず事なきを得たわけです。

こういう事故が起こり得るということを日本の関係者は想定していなかった、まったく思ってもみなかったようなんですよね。後でＩＡＥＡ（国際原子力機関）が指摘したんですが、ＩＡＥＡは原子力の推進団体ですが、国際的に標準となる安全対策について見解を取りまとめている組織です。深層防護（Defense in Depth）という考え方を提唱していて、防護は五つの層から成るということです。比喩的に言えば五つの層の防御部隊が原子炉を守っている。五つ全部破られたら酷いことになるけれど、どこかで食い止められたら被害は抑えられる。第一から第三層までは過酷事故を未然に防ぐという、そのための措置です。第四層は過酷事故が起きたときに、それを大災害に結びつけないためにどうするかの対策を示しています。過酷事故に対しては確実に役立つ手段がないわけですが、何とかいろんな手段を講じて、それを放射能の大量漏洩だけは防ぎたいという、そういうマニュアルを作ることが義務づけられていて、それを〝アクシデント・マネージメント〟というふうに言ってます。で、正確には〝シビア・アクシデント・マネージメント―ＡＭ〟と〝シビア〟は当然入っているんですが、省略して単に〝アクシデント・マネージメント〟と言っています。過酷事故に不幸にしてなってしまったときに放射能の大量流出を防ぐという、確実な手段はないけれどあらゆる手段を講じて防ぐんだという……たとえば、消防車で注水するという、あれは確実な手段ではないんですが、あんなこともやってみたりとか。あるいはベントですね。あれで格納容器の横っ腹が大破裂するのを防ぐという……そういうあらゆることをやって放射能の流出を最小限に抑えるというのが第四層です。で、第五層が、大量に放射能が流出してしまったときに、どのように人を逃がすかという、原発サイト外での避難などの対応ですね。この第四層と第五層について日本の規制当局と電力会社は非常に手薄であって、想定外というかそもそも考えてなかった。小さい事故しか考えていなかったわけです。小さい事故というのは、たとえば一九九九年にＪＣＯ事故が起きまして、これは茨城県東海村にある三菱金属鉱山の子会社のＪＣＯ社のウラン加工工場で、濃縮ウラン溶液が沈殿槽の中で核分裂反応の臨界状態になって周囲に中性子を放出した事故ですが、あの事故では半径三五〇メートルで避難が行われたわけですが、あの事故も昔の関係者にとっては想定外だったようで、事故の後、原子力災害対策特別措置法というのを――これは〝原災法〟と略されますけれど、これを急遽九九年の十二月に作りました。オフサイトセンターを原発から五キロくらいの場所に作り、そこに全ての防災関係者が結集して現地対策本部とすることとしました。原発等から八キロから一〇キロ圏内を地域防災計画の対象とするという、今から見れば小さい範囲の防災対策を法制化しました。そこで想定されていたのは、国際原子力事象評価尺度INESのレベル5以下という、放射能の放出量が少なかったスリーマイル島事故ぐらいのものを想定して、避難とか防災とかそういうのを考えることになったけれど、結局レベル7とか全然考えていなかったわけですから、原災法がそもそも機能しなかったというわけです。そういう想定をはるかに上回る事故が起きてしまった。ですからオフサイトセンターが大熊町、北東端に1、2、3、4号機がある大熊町にあって、距離としては福島第一原発から五キロぐらいしか離れていないんですが、今回の事故ではたちまち放射線レベルが高くなって、そこから逃げなきゃいけなくなったので、結局、現地司令部というのはそもそも構築できないような状態になりました。このように想定をはるかに超える過酷事故が起きて関係者はあたふたした。それだけでなく防災システム全体にわたり、非常に大きな混乱が生じたわけです。

どのように混乱したかというと、指揮命令系統が機能しなかった。指揮命令系統は原子炉施設内（オンサイト）と原子炉施設外（オフサイト）に分けることができますが、オンサイトについては本来は現地の発電所の中に対策本部があるわけです。これが福島第一では事務本館が地震で損傷して倒壊の危険が生じたために使えなくなったので、免震重要棟というところに作られて、吉田昌郎所長らが立てこもったわけです。さらにその上位に東京新橋の東電本店があって、東電本店が必要な指示を与える。つまり現地の部隊長が吉田昌郎さんで、それに対して中央では清水正孝社長が、原子力部門トップの武藤栄副社長らを従えて東京本店にいるわけです。さらに東電本店は政府の対策本部に事故の状況を連絡して、政府の対策本部から指示を受けるという関係になっている。要するに首相官邸に総本部が置かれて、その下に東電本店があって、最後に免震重要棟の現地対策本部がある。この三段階で、指揮、連絡が行われる。そういうシステムであるはずなんです。で、その官邸をサポートするのが原子力安全・保安院や原子力安全委員会です。そういう政府スタッフからの情報や意見を集約しつつ首相官邸が最上位から指示を与えるという三段階の構造だったわけですが、東電本店が全然機能しなかった。代わる代わる重役が現地とテレビ会議システムを用いて対応したが、責任体制が明確ではなかった。東電本店は官邸付きのメッセンジャーも用意しました。前の副社長で当時は東電フェローの肩書だった武黒一郎さんです。この方は当時、官民一体オールジャパン体制で海外に原子力発電所を売り込むための国際原子力開発という国策会社の社長をしていました。その二〇％の株を東電が保有し筆頭株主でした。しかし本店の現地への指揮命令系統が麻痺してしまった。官邸はどうかというと、全然情報が入って来ない。東電本店からも入って来ない。スタッフ組織である原子力安全・保安院や原子力安全委員会からも入って来ない。入ってくるのは不確かな伝聞情報ばかりだという状態だった。そこでまあ、菅直人が業を煮やして正規の指揮命令系統のルート、そんなの全部吹っ飛ばしてヘリコプターで福一（フクイチ）に乗り込むというようなことになった。それで吉田所長と話をしてみてコイツは信用できると考え、つながりができた。その後も福一と官邸の間でわりあい頻繁に連絡が取られ、間の組織を飛ばしてしまうという、そういう形でしか指揮命令系統が動かなくなってしまった。官邸をサポートする最も頼りになるはずの専門家組織である原子力安全・保安院、これが一番酷くて、何を質問してもうまく答えられないので、菅さんが腹を立てた。寺坂信昭という経済産業省キャリア官僚として順調に出世してきた院長が官邸に来ていたのですが、「私は経済学部出身なので何もわかりません」という形で対応されたということで、結局、指揮命令系統のトップを支えるべき参謀組織が動かなかった。で、ようやく少しずつ動くようになったのは統合本部が東電本店にできてからです。関係組織みんなが統合本部に行って、官邸からは細野首相補佐官が基本的に常駐し、海江田経産大臣とか枝野官房長官とかも時々行ってという、こういう組織ができてから初めて動き出すようになった。最初の数日間は指揮命令系統が混乱して、機能が麻痺していた、ということです。

話を続けますと、オンサイトでの対処、オフサイトでの対処と二つに分けて政府事故調では調査・検証を進めました。このうちオンサイトでの対処については、首相官邸を頂点とする指揮命令系統の下位に位置づけられるわけですが、現地敷地内の状況を一番よく把握しているのは福島第一原発の幹部ですので、基本的には現地での対処方法については上部からマイクロマネジメントするのではなく現地で検討してもらい、現地からの情報や要請を受けて上部が指示や支援を行うのです。他方で、オフサイトというのは敷地外のことですが、これは首相官邸が防災行政組織等に指示を出すわけで、福島第一原発の免震重要棟とは別系統です。このような役割分担のもとで敷地内に関しては吉田所長が陣頭指揮をとったのですが、結局、免震重要棟の外に出られないで、部下からの伝聞にもとづいて指示を下した。外は高いレベルの放射線が飛び交っていますから、危険をおかしてでないと出られなくて、吉田所長は免震重要棟に篭もったんですが、全体状況がどうもつかめていなかった。たしかに酷い状況だったわけですけれども、吉田所長は全体状況を把握できずに、一番危ないと思われる炉から対応していったけれど、結局、人員と資材が足りなくて、次々に爆発させるに至った。それを止められなかった。それがオンサイトの状況です。

一方でオフサイトの対処の目的は、いかに人を逃がすかということなんですが、これも全然うまくいかずに、できるだけ逃がさないという方向で官邸が動いたわけです。さらには福島県当局や市町村もそのように動いたわけです。首相官邸は避難に動員できる輸送手段の限界や、十分な避難先を確保することの限界に配慮しました。またチェルノブイリ事故で三〇キロ圏内を無人化したこととのバランスにも配慮しました。チェルノブイリと同じにすれば福島事故の深刻さがそれと同等であることを認めることになるわけですから、そこまで踏み切れなかった。結局は住民をできるだけ逃がさないで済むようにということを考えた。そこで苦肉の策として、二〇キロ圏内は避難地域にして、二〇〜三〇キロの間は自主避難を認める地域にするということにしました。しかし住民にとっては、汚染状況が知らされないのに自主的に避難するかしないか決めろという、目茶苦茶な話になった。逃げられる範囲というのは二〇キロなら八万人だから逃げられるだろう、三〇キロならその三倍もの人口になって、逃げるなんてとうてい無理だ、という判断が官邸にはあったようです。住民の被曝の危険性ではなくて、逃げる手段と収容先の限界ということを重視して二〇キロで輪切りにしてしまった、というようなことでありました。で、しかも避難がうまく進んだかというと、政府はバスを大熊町にしか提供できなかったわけで、みんなマイカーなどで自主的に逃げるにまかせ、それで特に避難弱者には大きな影響が出た。避難弱者は自主的に逃げられませんので、公的防災組織への支援を頼んだのだけれど、自衛隊や消防庁への指示がうまくいかなくて、二日も三日も病人や要介護者を放置し、さらにようやくバスが来ても収容先がなく、バスの中で何人も亡くなるというような非常に悲惨なことが起きた。大熊町の双葉病院とその関連施設のドーヴィル双葉だけで避難に際して五〇名の死者を出した。他の施設を合わせると福島県全体で六〇人の犠牲者を避難弱者から出してしまったという、そういうことです。このように放射能の大量放出が起きてからの深層防護の第五層の対策というのは惨めな失敗をしたということです。これがまあ、だいたいのあらましです。私、政府事故調の委員をやっていたので、もっともっと喋れますけれども、概要はこんなところです、はい。

**名和**　お話を聞いて、私のような専門外のエンジニアにとっても、なぜこんなにも初等的なことを考えていなかったのかということがあります。それは一つの場所に四基も置いていたことですね。どれか一つに事故が起きたら全部が動かなくなる、これは誰でも、原子力の専門家でなくても指摘できるはずですね。自省でもありますが。そういうことを追求した人はいなかったのでしょうか、これまで。

**吉岡**　日本では一つの立地地点における原子炉基数のことが大きな争点になったことはないですね。今となれば当たり前で、福島第一は四基が大熊町、5、6号機が双葉町にあったので、六基ですね、ですから連鎖的事故の可能性は当然あった。ちょっと小高い丘を隔てて。丘に事務本館とか免震重要棟とかがあって、1〜4号機の敷地と、5、6号機の敷地が隔てられていた。5、6号機の方がちょっと標高が高いのですが。六基もの原子炉を、一つのサイトになぜ置いたかというと、他の立地点がなかったからというか、一九六〇年代半ばまでは、原子力発電が来てくれるのはありがたいということで、誘致する自治体が多かった。特に福島、福井というのは現在最も原発が密集した地域ですが、スタートも早かった。県が開発公社を作って先頭に立って、この場所はどうですか、あの場所はどうですかとか、電力会社に提案をして、電力会社が受け入れる姿勢をみせるとさっそく買い占めて、差し上げるということまでやった。ところが六〇年代末ぐらいになると、原発の危険性というのが、みんなに知られるようになった。これはいくつかの理由があって、一つは公害反対運動が盛り上がって、原子力発電ってこれ公害源じゃないのかということで調べてみると、事故や廃棄物の問題などがあることが分かり、原子力公害の危険への関心が高まったということです。あとアメリカで一足先に原発が六〇年代半ばくらいから次々に建ちはじめ、アメリカの原子力安全論争というのが日本にも伝わってきて、アメリカでの原子力安全論争の主な争点が日本でも知られるようになった。そこに批判的な専門家たちがいち早く注目して、日本でも同じ論点で論争が行われるようになり、それが市民にも伝わったということです。反対運動が厳しくなって、新しい場所にはなかなか建てられないので、既に建ってしまった場所に、もう一つ、もう二つ、とかそういうふうにやってきたので、日本の原発の大半は三基以上が集中している状況になってしまった。

**名和**　今、いろいろと事故のお話があり、そのなかに事故のマネージメントについてのご指摘もありました。それを聞きながら考えたことがあります。原子炉の技術は両用技術ですね。そもそも爆弾の生産プラントであるわけで。そういう場合にはミルスペック、その品質保証プログラムが最初にあるはずです。私は多少ミルスペック（MIL－Q－9858）を知っておりますので、その視点で議論してみたいと思います。

ミルスペックは、「一つ一つの製品の品質保証」ではなくて、その事業者が全体として顧客に対してどういう品質保証をするのかという、「システムの品質保証」なのですね。システムとは納入者の「生産方式」、さらにはその「マネージメント方式」を指します。しかも、政府が民間から調達するという形になりますから、それは二者間契約になります。それで、ミルスペックの狙いは、私の理解では、発注主を満足させるマネージメント・システムを受注者が作ることです。

たとえば図面の変更があれば、その変更は誰が命じ、誰がその図面を書き、誰がそれを点検し、その新しい図面は何月何日から現場に置かれ、古い図面は何月何日に回収されたなど、克明に記録します。というように記録が積み重なって、システムとしての品質保証ができる、という発想になっています。結果的には極端な文書主義です。ダグラスの法則っていうのがあって、ジェット機を飛ばすためには完成機と同じ重さの紙を作らないといけない、とかね。あるいはフリゲート艦が進水するまでには、喫水が一インチ深くなる重さの紙を作らないといけない、とかいわれていました。

つまり文書主義を通すとは、「リポート・トゥ・誰」を徹底することなのですね。これを当の組織の最高責任者から現場の要員に至るまで一貫させる。これを保証する仕組みがミルスペックだった。私は、ミルスペックと原子力施設のマネージメントは、原子力が両用技術ということもあるから、重なっているのかなと憶測もしています。私の力では調べきれなかったのですが、双方に関係があるらしいという資料は見つけました。この辺はどうなのでしょうか、日本では。

**吉岡** そうですね。私自身は直接そういう世界にはいなかったわけですが、そういう世界にいた人からは、情報は得ています。で、それによると、たとえば東芝で長年技術者をやってから退職した方によると、変えないのが不文律だったようです。自由に設計を変えないのが不文律、変えてはダメだという空気があった。たとえばここを〇・五ミリ削りたいとか、そうした改良のアイデアを出すことは徹底的にタブーにされていたということを聞きます。ですから、原子力に適した人間というのは普通の分野とは全然違って、いわば頭が働かないヤツ、つまり与えられたとおりのことを忠実にやるという、そういう粘り強さがあるけれども創造力が不足している人が適していて、とにかくGEの設計書どおりにやるんだ、といった文化が東芝では蔓延していた、というように聞いています。だから活発なレポートのやりとりで改良改善の提案というのがなされることが極めて少なかった、ということになります。メーカーや電力会社の人でGE担当者と渡り合った人もいるようですが、いくつかの証言が――あの事故のあと証言者も出てきて、たとえばGEの技術者だった名嘉幸照さんという沖縄出身の人がいます。もう七〇過ぎですが、事故後に本を書きました。『〝福島原発〟ある技術者の証言――原発と40年間共生してきた技術者が見た福島の真実』（光文社、二〇一四年）という本です。彼が、東電の幹部がGEと、ここが違うんじゃないかと言って――名嘉さんはGE技術者で取り次ぎの役割だったんですけど、そういうのを言った人もいるということですが、そこまでやる人は話題になるくらい稀であった、というふうに書かれています。

**名和**　変更を顧客に納得させるには、相当な実験データがないとできませんから、コストが高くなるわけですね。だから図面を動かせないというのが事実だったと思います。

私が申し上げたかったのは、危機管理のときに組織がバラバラになったというお話の部分です。政府が直接現場を制御する形になった、ということは、いわゆる「レポート・トゥ・誰」というミルスペック流のマネージメント・システムが、政府と事業者間、事業者のトップと現場との間であいまいにされてきた、客観化されてこなかった、ということです。そこにはいわゆる日本型の品質管理的な方式が染みついていたのではないか、ということです。

話がとんでしまいますが、ここで日本型の品質管理について私見を申し上げたい。それは「トータルQC」として、一九八〇年代に国際的にも大変評判になりまして、「カイゼン」とかいって、実施されました。これは現場が一体になって品質のよい製品を作ろうという運動でした。ここでは記録をたくさん作るとコストがかかりますから、そうではなくて、現場の知恵を注ぎ込んで不良品の発生を抑え、よい品質の製品を作る。狙いは生産コストを下げることであって、顧客の要求を聞くことではなかった。したがって日本の品質管理は、企業内に蓄積されるノウハウだったのですね。ですから、そのノウハウを客先にも可視化する、標準化して各社で共有するという発想は日本企業にはなかったわけですね。たぶん、日本の原子力分野にもこの反ミルスペック流の気風が染み込んでいたのではないかと、私は想像しています。

申しわけありませんが、話がさらに逸れます。一九八〇年代末、突然、「ＩＳＯ９０００品質保証システム」というプログラムが日本に現れました。日本企業は、とんでもないものが出てきた、これはヨーロッパの陰謀だとか言って大騒ぎしました。じつは、これは合衆国のミルスペックが英国に移転し、それがＩＳＯ標準としてヨーロッパに受け容れられたという経緯をもっています。ミルスペックの二者間契約はこちらでは第三者機関による認証に改められましたが、基礎にある文書主義は残っている、と私は理解しています。

話をもどします。日本の組織には誰が誰にレポートするという形で仕事を運用するような、つまりそれは、それぞれの人間の責任を客観化することですね、それがなかった。文書主義は、組織のマネージメントを技術倫理というような人間的な強さに頼らないで、なるべく客観化しようとする方式かと思います。誰が責任を負うのか。それを可視化する仕組みを作ることが日本の企業文化の中にはなかったし、原子力の分野でもそうだったのではと、私は臆測しています。事故のあとずっと。

**吉岡**　現場についてのリアルな知識を私はもっていないわけですが、文書主義というのは科学においては基本中の基本であって、学術論文を査読をして品質管理をする、不明な点やあいまいな点があれば情報の追加を著者に求めるという、そのような仕組みで個々の科学者の主観的な思い込みはそこで排除されていくというのかな、客観的な基準にもとづいて通用しなきゃダメだということで、そぎ落とされていく。そういうシステムだと思うんですが、まあそれが日本には、科学の場合はやや別でしょうが、技術についてはあんまりないということなのですね。やや話がずれますが、行政の世界でも文書がなくなってしまうケースが日本では多いようです。残っていたはずの文書も、いつの間にかなくなっているというか抹殺されたりする。最近の例では日米密約に関する外務省の重要文書がなくなった、焼却されたらしいとかそういうふうなことが起きているわけですけれど。アメリカ側にはそれがきちんと残っているわけです。当然のことです。文書主義というのが、まだまだ非常に劣っているということは、そのとおりだと思います。

ただ……というか、別の論点なのかもしれませんけど、電力会社の原発導入に対する取り組み姿勢というのが普通のユーザーと違っていたような気がします。ミルスペックの場合には、アメリカ軍がちゃんとユーザーであり、厳しく注文をつける、メーカーの方も軍産複合体の企業ですけれども、ユーザーである軍も本気だ。それが東京電力とかそういう電力会社にとっては、自分の仕事という認識がいまひとつ稀薄だったんじゃないのかと思っています。まあそれは国策協力でやるんだということになっているから。国策は、二つのタイプの原子炉を九つの電力会社で分担して導入し技術習得せよというものだった。東電と他の四社（中部、東北、北陸、中国）を合わせて五つの電力会社は沸騰水型、関電と他の三社（九州、四国、北海道）は加圧水型で、それぞれメーカーがついていて、国が指導してやるんだ、ということになっていた。沸騰水型は東芝・日立で、加圧水型は三菱です。しかも日米関係があるから日本独自技術の開発というのはやらん方がいいんだというような、そういう国によって与えられた枠組みの中で原発を作っていくということですから、その品質を良くしようとか、さらにそれに対してその安全を保障して日本社会に対して責任を負うとか、そういう感覚が今一つ弱かったんじゃないのかと、そういうことも原因じゃないかと思ってます。

**名和**　たとえば、規制当局と事業者がいますね。それから事業者の中でも経営層と現場とか。その間の文書のやりとりは、それはきっちりやらなければならない、と思います。

**吉岡**　どうなんでしょうね。

**名和**　ようするに、記録に残しておく……と。これからは記録はどんどん電子化していきますから、残すのも簡単でしょうし……。

**吉岡**　まあ記録自体が一九九〇年代半ばまでは残ってなかった。正式の委員会の会議でも簡単な、一枚の議事録ぐらいとかそういうので処理をされていた。ましてやその提出資料が具体的にどのように作成されたかも書かれていない。おそらく多くの場合、メーカーなどに作らせた資料を電力会社が受け取り、それをドラフトとして原子力規制当局に事前に見てもらい、必要な補正をしてもらった上で改めて規制当局に資料として提出したものでしょう。できるだけ日本の役所は文書を作りたがらないで、口頭で指示をする。実は原子力は、一九九五年十二月のもんじゅ事故でそうもいかなくなったので、会議は公開、提出された文書についても公開というような、そういう形に変わってきました。その点はいいのですが、正式の会議の裏で行われている細部のやりとりというのが、なおよく見えてない。外からは非常に見づらい。たとえば今の再稼働問題なんかで、一生懸命、工事計画認可書なんかを読もうとしている人たちが、私の友人にもいるわけですが、川内原発だけで六万ページくらいあるらしいのですが、黒塗りや白抜きが大部分ということで、依然として外には見えにくい。しかし白抜きだからデータはオリジナルの資料に書かれているのかもしれないけれども、そんな六万ページの認可書、認可申請書を審査していれば、たとえば計算チェックもいちいちするならば、年単位で審査に時間がかかる。それを、ひと月ふた月でやろうというんだから、電力会社は書類は作るけど、審査官は書類を詳しく読まずに通してしまう、そして肝心のところは黒塗りや白抜きになっていて第三者がチェックできない。そういう文化になっているんじゃないかと思います。

**名和**　何万ページあろうと、こういう時代ですから、オープンにすれば誰かが読んでくれるということはあり得るでしょう。いろいろな人が世の中にいると思いますので。それに大規模データ解析の技術も格段と進んでいるようですし。私の話し方が下手だったかもしれませんが、私のいう記録には、仕様書、検査データ、作業手順書、危機管理マニュアルなどを含みます。ただしオープン化がセキュリティとの折り合いをどうつけるのかという問題は残りますね。

それから、先ほど……ＩＡＥＡで過酷事故対策のルールは作ったとかおっしゃった？　なにかガイドラインとか？

**吉岡**　そうですね。ＩＡＥＡは様々のガイドラインは作ってますけれど、深層防護についてのガイドラインもあります。

**名和**　ガイドラインとは、要するにレコメンデーションですか。

**吉岡**　まあ、それを守らなければ日本の原発の運転ができなくなるといった強制力はないのですけれども、はい。ＩＡＥＡはその他にも、原子力行政において推進と規制が分離されていないのはよくないとか、そういうことをしょっちゅう日本に対しては言ってきていました。あの事故前は経産省資源エネルギー庁が推進組織で、そこの同じ経産省に原子力安全保安院があって、推進組織と同居するのはよくないという、これもまあＩＡＥＡが度重なる勧告をしてきたのですけれど、日本に対して。しかし政府は無視し続けてきた、と。それは違法というわけではありませんので。

**名和**　それを受け入れなかったというのは、誰かの決定があってということですか？

**吉岡**　まあ、誰かが決定したということでしょう。しかし誰がと言われれば、それは日本の行政の常套的なやり方でありますけれど、誰がという責任者は決して表には出て来なくて、結局、稟議書方式で担当課長が経産省の内部では大臣まで同意を取り、さらに他の関連府省の担当官の同意をとるという手続きになっており、誰が実質的な決定者であったかが明らかになることはありません。ときどき内部事情をよく知る人々が情報を流したりしますが、その動かぬ証拠をつかむことは困難です。そうした仕組みが前例だからということで運用されています。誰が実質的な決定権をもっているかは定かではないのですが、必ず原子力関係者に有利なように動くということで、事故後も同じですね、これは。原子力規制委員会が出来たけれど、規制委員会は結局、原子炉施設という機械システムが新しく定めた規制基準を満たしているかどうかの審査だけをやればいいんだ、ということに自らの業務を限定してしまっています。原子力規制委員会設置法には、規制委員会は原子力利用の安全確保を一元的に司ると書いてありますが、実際にやっているのは新規制基準の策定とそれにもとづく安全審査が大部分を占めています。安全確保に関するその他の業務は経産省が握るというような形になっています。そういうふうに、福島原発事故が発生し、原子力安全・保安院が国民世論の不信を買って解体され、安全確保を一元的に司るという原子力規制委員会が設置されてもなお、経産省が原子力安全についてなお多くの権限を有しているのが現実です。まさに七転び八起きですね。そうした経産省の不撓不屈の執着行動を誰が動かしているのかというと、みんなが動かしているとしか言いようがない。たとえば福島第一原発の放射能汚染水対策なんかも、本来、規制委員会がやるべきだと思うのですが、資源エネルギー庁があれの全体を仕切っていて、規制委員会はオブザーバーで会議に出ている程度だという、すでにそういう揺り戻しが起きていて、経産省ができるだけ多く安全行政にも口を出すという方向へ動いています。

**名和**　要するに私の言いたいことは、「レポート・トゥ・誰」を、原子炉のトラブル・シューティングにもあらかじめ決めておけば、ということです。

**吉岡**　原子力規制委員会におけるトラブル・シューティングだけなら、その経過に関する情報の開示が前進していることは確かです。それは評価してもよいでしょう。しかしメーカーと電力会社とのネゴシエーションの経過や、原子力関係者の間の非公式な折衝などは、そもそも資料が存在していないとされるか、企業秘密ということでブロックされる可能性が高いです。「レポート・トゥ・誰」の仕組みを作っても、名目的な仕組みになってしまう可能性が濃厚です。ついでに言うと内閣官房と経産省の関係も非常に曖昧で、経産省が非常に大きな影響力を内閣官房に対して行使している。自らの幹部職員を送り込むというようなことで、内閣の決定を事実上、経産省がかなりの程度まで握っているというような、そういった面もあります。

**名和**　それから、いただいた資料にある「設計基準DB」とは何ですか？

**吉岡**　デザイン・ベースです。設計というのはデザインです。はい。

**名和**　これは……製造物責任法の対象にはならないのですかね。

**吉岡**　ならないんですよね。結局……。

**名和**　原子炉は別ですかね。あるいは作ったのが製造物責任法のできる前だったのかな？　合衆国ではいつできたのでしたっけ？

**吉岡**　原子力損害賠償法が適用されることがらについては、製造物責任法は適用除外されています。両者は別の理念に立つ法規です。原子力損害賠償法は電力会社に賠償責任を集中させます。たとえ設計に欠陥があってもメーカーは賠償責任を負いません。ただし原子炉施設の欠陥によって事故が起きて電力会社が多大な損失を被った場合、電力会社はメーカーに対して民事訴訟を起こすことはできます。それは原子力損害賠償法とは別枠です。

**名和**　なるほど。

**吉岡**　ですから、事業者というか電力会社、つまり原子力発電所の保有者が責任を持って弁償をする、賠償する、ただそのための保険金の金額は一二〇〇億円でよろしい、ということになっています。それを超える額については、国が国会の議決を経て支出支援できるという、そういうことで、だから製造物に欠陥があろうがなかろうが、賠償はそのような枠組みでやるということなんで、製造物責任法の対象とはしないというか除外するということですね。

**名和**　いまウェブ検索したら、合衆国では一九六二年にＰＬ（製造物責任法）ができています。この原子炉はもっと前ですね？

**吉岡**　原子力損害賠償法ができたのは一九五七年ですね。プライス・アンダーソン法と通称されます。これは。両方を適用するってわけにはいかないでしょう。

**名和**　日本はもっとあとですから、一九七七年ですから。

**吉岡**　日本の原子力損害賠償法は六四年だったかな。

**名和**　ＰＬよりは早いですね、日本は。

**吉岡**　はい。日本初の商業用原子力発電所は英国型の東海1号機ですが、それが運転を開始したのは一九六六年です。それに間に合うように日本の原子力損害賠償法は制定されました。

**名和**　それから、先ほどの「残余のリスク」ですが、そういうものが生じるのは、地震予知がうまくいかないからということがある、と思います。地震予知までは確率論で判断してきて、実際に人工物を作るときには決定論と言いますか、なんらかの意思決定をしなければいけないわけですね。とすれば地震予知の方もそれなりにきちんとしなければならない、と私は思いますが。

地震予知計画を調べてみますと、一九六五年に発足していますね。で、当初は前兆現象の予知ですか、それが前兆がうまくつかめないという話で、次はプレートのアスペリティというテーマに移り、それで確率概念が入ってきたようですね。兵庫県南部地震のあとは活断層の話になり、東北地方太平洋沖地震ののちは両方の議論が出てくるようになったと、専門家でない人間には見えます。

努力のあとはたどれますが、つまり当たっていないのですね、率直に言って。まず、兵庫県南部地震は極めて確率が低いとされていた活断層に起こっていますね。見逃しって言ったらいいですかね。それから東北地方太平洋沖地震、今度の。ここではプレートが連動して動くという予測はなくて、つまりあれだけ大きい地震が起こるという予測はなくて、これも見逃し、と。そして東海地震ですね。これは一九七八年に法律まで作ってやっているのですが、もう三〇年以上なにもない、と。こちらは空振りでしょうか。

「予知」っていうのは特別な言葉のようです。友人の地震研究者に聞いたら、「予知ではない、予知研究だ」というのですね。それで、私も合点しました。研究だったらいろいろな説があっていいですね。なお、前兆研究を「予知」、確率がからんでくると「予測」というようです。

これが、私の疑問ですね。言いっ放しですけど。おかしかったら突っ込んでください。

**吉岡**　おっしゃるとおりなんで、突っ込む余地はないのですけれども、まあ、最近、仲良くなった地震学の若手研究者の話では、地震予知というのが、福島の東日本大震災に関しては当たらなかったので、信任が落ちたと思いきや、むしろ勢いを盛り返しているようですね。学問的判断としては、多くの研究者が、実用的な地震予知は今の段階では不可能だと考えていると思います。しかし学問はお金がなければ維持できません。そういうことのために地震予知なんて出来ないという人が、たとえば東大地震研なんかでは、少数派になっちゃって、ロバート・ゲラー教授とかですが（笑）。強く地震予知の現実的有効性を否定する人として孤立してしまって、ほとんど連帯する研究者がいないらしい。ああはなりたくないということで、みんな地震予知はできるという仮そめの前提で動く。そのような前提で動くのは何故かというと、観測ネットワークとかそういう予算がつくからだという……。予算を確保するために予知はできるという仮そめの前提ですね。虚構かもしれません。虚構の上に立って地震研究を維持繁栄させていく……それは聞くところによると、国際的にも日本が支えているというのかな、地震研究は。日本においてとにかくお金がまわるものだから、日本がお金を出して国際会議をやったりとか、共同研究をやったりとか、そういうことで国際的な地震学コミュニティを日本が支えているような、そのような関係にもあるということを聞いています。

似たような話をはさみますと、高速増殖炉というのも同じような構造で、世界中の先進国はみんな実用化計画を中止してしまった。それでも日本のもんじゅはまだ生きているから、あれを研究に使いたいというフランス人とかアメリカ人とかいるみたいで、日本が唯一残った希望の星というか、貴重な予算とか施設を有する。それと同じなのが地震予知です。予知を言うことによって、研究を維持していく。しかし、いつになっても当たらないものは当たらない。

**名和**　それにしても、研究者がM７級の首都直下型地震は今後何十年間に何十パーセントの確率で起こるなどという。ここでもたぶん学会では定説になってない意見を、テレビ番組などで公衆に一方的に語る。これをどう評価したらよいのでしょうか。テーマの重さもありますし、研究の自由ということもあるでしょうし。

もう一つ、私が言いたいことがあります。それはプレートの地震にしても活断層の地震にしても、確率を論じるにはあまりにもサンプル数が小さいのではないか、ということです。加えて、そのサンプルの定義がはっきりしません。確率論でいうサンプルはコインを繰り返し投げる、あるいは初期条件を少しずつランダムに変えて同じモデルで計算してみる、といった単純かつ統制されたものでしょう。多数回試行という条件が必要でしょう。その扱いが研究者によってさまざまのようです。母集団の定義にしても、余震、誘発地震などいろいろあるようです。もう一つ、気象予報は数時間後、数日後に、ただちにその正否を検証できますが、地震予測ではそれができませんね。

ただ一つね、予知に疑問はもっているものの、あえて言えば、私は、前兆の把握は観測できるようになりつつあるのかな、とも思うのですね。たとえば地上にＧＰＳのセンサーを密にばらまいてですね、で、その観測データをリアルタイムで集める、と。それを大規模データ解析と最近言っていますけれども、その方式で経験則を探し、そして予知にいたるというような手段だったら、あるいはいけるのかもしれませんね。ちょうど、局所的かつ高密度の気象データを外挿して竜巻予報をするように。

**吉岡**　地震に関しては、今、川内原発の再稼働問題で、起こりうる最大の地震動をどう評価するかという問題が論争の争点となっています。規制委員会の見解は、六二〇ガルを基準地震動とする、というものです。基準地震動というのは起こり得る最大の地震動では必ずしもなく、そこから数値を値切って作られる目安ですが、これは基盤表面というか、岩盤の表面で測った場合の六二〇ガルを意味します。だから地表の揺れはまた変わってくるわけです。今まで五四〇ガルだったのを少々厳しくして六二〇ガルにした。それでいいのかというのが一つの論争点になっていて、これは日本の原発で既往最大というか、今まで起こった最大の地震動は一六九九ガル、丸めて言えば一七〇〇ガルですね。新潟県中越沖地震で東京電力柏崎刈羽原発で二〇〇五年に起きたんです。この一七〇〇ガルを基準地震動として、日本の全ての原発を審査すべきだという議論があります。もう一つは、規制委員会の内部での評価で、いくつかの揺れのモデルケースを作って、そのなかに最大の揺れが川内原発において一三四〇ガルというのがあるらしくて、そういうのを捨てて六二〇ガルにしたのは、特別の補強をしなくても稼働できる範囲に抑えるためではないのか、と言われています。まあ事実もそうだと思うんですけれど。一三四〇ガルとかの地震動が来たとすると、原子力施設の安全装置が全部壊れるという結果になりかねません。六二〇ガルに定めたのはそのためというように言われています。数値の恣意的な操作によって、「アワスメント」と言いますけれども、なんとか補強すれば通るような数値に合わせるということが実際、行われているようであります。

**名和**　身勝手な疑問にも応じていただき、ありがとうございました。

# 第2章　コンピュータ西暦二〇〇〇年問題——遍在する人工物の管理

名和小太郎

**名和**　前回のテーマは危機管理システムが危機を過少評価し、それを見逃した事例について議論しました。今回は危機管理システムが危機を過大評価し、いわば空振りの対応をしてしまった事例について、考えてみたいと思います。

ということで、コンピュータ西暦二〇〇〇年問題を回想してみたいと思います。コンピュータ西暦二〇〇〇年問題とは、コンピュータのプログラムのなかで「年」の表示を下二桁でやってきたという慣行があり、だから西暦二〇〇〇年になると「〇〇」となる、このときにそのプログラムが、西暦二〇〇〇年を西暦一九〇〇年と逆戻りして理解してしまうのではないか、というリスクを指しました。現代社会は、あらゆる分野でコンピュータを多数利用しています。しかも、その多くは連動していますので、このリスクは企業の壁を越え、さまざまなセクターの仕切りを越え、国境を越えた大災害を引き起こすかもしれないという懸念が生じました。当時、これを「Y2K」と呼んでいました。「year、2K（キロ）」ですね。

なぜ、二〇〇〇年問題を取り上げたいのか。三点あります。第一に、予想はできたが、その実像を予言できなかった、ということ。対策はギリギリまでやってはいたわけですが。第二に、対応は正しかったのか、ということですね。実情はどうであったか。事前に予測された規模の不具合は生じなかったということでした。それがいったい、そもそも二〇〇〇年問題はなかったのか、それとも、あったのだが、きちんと対応したので防げたのか、というようなことが不明のまま残されてしまったのですね。第三は、その対応に巨額なコストをかけたにもかかわらず、事後、この課題が急速に忘れ去られたこと。とくに合衆国政府が旗を振り、日本政府も追従し、社会の全セクターが対策を講じたにもかかわらず、二〇〇〇年の〇時〇分〇秒が過ぎると、誰も問題にしなくなった、ということです。

まず、予測はどうであったかということですが。私がコンピュータの現場の仕事をやっていたときは一九七〇年代でしたけれども、私の部下はすでに予測していました。「世紀末にこのプログラムをもし使っていたら、これは問題だね」とは言っていました。ただし遠い先の話ですし、話はそれで終わっていました。あとで調べてみたら、米国の業界誌にも一九七一年に予測を発表している人がいました。学会のジャーナルで指摘されたのは一九九二年でして、それ以後、事実としてこういう不具合が起こったという報告がときたま出てくるようになりました。たとえば、保険などでは一〇年先まで見据えて取引する時期に入りましたから、問題が現実に起きたということです。

二〇〇〇年が近づくにともなって分かったことは、三つの型のリスクがあったのですね。第一は、ミッション・クリティカルというか、大型のシステムです。社会のインフラを担っているシステムです。行政機関や大企業が持っているシステムですね。そうしたシステムの事故は他のシステムに連鎖的に及んでいく。この型の事故は、非常に影響が大きいわけですね。第二は、いわゆる中小企業のシステム。当時はオフコン（オフィス・コンピュータ）と呼んでいました。中小企業は専門性の高いシステム・エンジニアは持っていないでしょうし、システムの文書化も不充分でしょう。適切な対応を期待できないわけです。第三は、組み込みソフトウェアです。自動車部品などに組み込まれているソフトウェアはどうなのか、と。

早くから予測されていたにもかかわらず、なぜ、対応が遅れたのか。まず、それが身内というか、システム・エンジニアの世界の話だったわけですよ。しかも、自分が当事者になるとは考えなかった。まさか世紀末まで自分が書いたプログラムが動いているだろうとは思いませんね。いずれはプログラマーにもプログラムにも世代交代があって、という思い込みがあったわけです。だが現実には、プログラマーは変わったが、プログラムはそのまま動いていた。

ここに、二〇〇〇年問題に対する、大手企業の報告書があります。いまどきは、リスク対応の資料等は表に出しませんけれども、セキュリティ上、危なくて出せないわけですが、当時は「私の所はここまできちんとやっています」ということをオープンにしなさい、という行政指導がありました。この課題についての情報公開がなされていれば、たとえば民事訴訟が起きたときの賠償額は制限しますよ、と。そういう法律を合衆国が作ったんですね。それで日本も法律こそ作らなかったけれども、そういう対応をして、事業者は「うちはこういう措置をしています」と。これを取引先に求められたし、自分の会社も取引先にそれを求めました。で、最後には新聞広告も……今よく、リコールのときに新聞広告を出すでしょう、ああいう風潮になったのですね。これを当時「ペーパー・ブリザード」と言いました。それで私は当時もらった報告書をいま手にしているわけです。

この報告書をのぞくと、現実には停まったシステムが生産系と情報系でそれぞれいくつかあった、しかし他社に影響を及ぼした不具合はなかった、とあります。たぶん、他の企業でも似た状況だったのでしょう。大きな企業では、それなりにシステムを更新しており、そのときに気付いて手当をしていたということのようです。たとえば銀行業界であれば第三次オンラインの導入、その他の企業でも昭和が平成になったときに、というように。ただし、その手当が完全かどうかということで、どの企業も一抹の不安を抱えていた、ということでしょう。私自身、自分の二世代あとの後輩から、あなたの時代のプログラムが残っていたよ、と言われました。

一言いいますと、このときに、情報システム担当役員、「ＣＩＯ」（チーフ・オブ・インフォメーション・オフィサー）というのかな、その地位と役割が確認されました。それまではまあ、それは建前だったのですね。ところが二〇〇〇年問題のときには副社長クラスが、どこの会社もきちんとこの責任を取ることになりました。それから余裕のある企業は、二〇〇〇年問題への対応という名目で、この動向に便乗して、この際、旧システムの更新をしてしまおうということで、たとえば汎用機をやめて、いわゆるサーバー型のシステムに入れ替えてしまう、というような対応をとったようです。

第二は、オフコンの世界ですね。こちらは困っちゃうわけですね。結局、良心的な中小企業は、システムの更新をして新しいものを買う、と。オフコンですから、まあ五、六年がハードウェアの寿命です。しかくわえて、オフコンはパッケージ・ソフトウェア付きですから。これでなんとか乗り切った、と。しかし、すべての中小企業がこれで乗り切ったとは、私は思いませんね。対応なしという会社もあったはずです。ただし、不具合がかりに出たとしても自分の会社のなかだけで済んでしまったということでしょうね。

第三は、組み込みソフトウェアについてです。じつは、これが分からない。当時は私も現役で役所がらみの仕事の手伝いもしていましたから、この議論に参加しました。ここが最後まで分かりませんでした。結局はなにもなかった、ということなのですが。

ということで、危機(?)は乗り切れました。合衆国政府も日本政府も「国をあげて対応したのでうまく収まった」という声明を出して、この問題は決着し、この話は直ちに忘れられてしまいました。なぜあれだけ騒いでいたのにあとで黙り込んでしまったのだろう。不思議ですね。見通しを誤ったから恥ずかしくて議論ができないのか。話がそれますが、どこかで儲けた人はいるわけですよね。このとき巨額のお金が消えたわけですから(後述)、誰かが儲けているわけです。

はじめに戻って言いますと、どうしてもっとはっきりした見通しができなかったのか。システム・エンジニアについていえば、われわれは大丈夫だよ、といえるような技術の継承ができなかったのか。ここが残念です。

ところでシステム・エンジニア自身は仕事が増えて幸福だったのか。というと、本当につまらないんですよ、この仕事は。自分の能力をレベルアップするためのインセンティブはないですね。つまらない仕事ですよ、二桁を四桁にするなどというのは。だから二〇〇〇年問題は、システム・エンジニアの全員に、元システム・エンジニアを含めて、忸怩たる思いをさせたのではないでしょうか。とかくIT技術を楽観的にみる風潮のなかで、こんな事件もあった、という自戒の念を含めて申し上げました。

**吉岡**　ありがとうございます。どこから聞いたらいいのかわからないのですが。まず一番基本的なことで。具体的にどうやってソフトを直すのか。ソフトを直すだけでいいような印象を受けたのですが、ハードの装置そのものを置き換える必要はない、というふうに解釈しましたけど、実際にお金をたくさん使ったと言いますが、なぜそういう巨額なお金と時間を使ったのか。二桁を四桁にするだけのためにどれくらいかかったのかというのを、技術的な手法も含めて教えていただければというのがあります。

**名和**　まずプログラムを変える作業ですね。事前の見積りはありました。合衆国では九三二万人月、と。ソフトウェア業界では作業量を「何人×何ヵ月」という言い方をします。かなり信用のおけるシンクタンクの見積り予想でしたが……。日本では三三五万人月と。企業別に言いますと、新日鉄は七〇〇〇万行の修正があり、八四〇〇人月と。日本航空では三万三〇〇〇本のプログラムに修正があり、九六〇人月かかる、と。こんな数字が出ました。それに見合う投資はした、ということでしょう。で、実際に使ったお金は日本では二兆円。合衆国では一〇兆円、円に直してですね。全世界では二〇兆円、という試算が後で出ています。

今のご質問には外れるかもしれませんが。管理者不在の組み込みチップ（携帯電話、デジタル家電、カーナビ、医療機器などに入っている）、これは当時、地球上に一〇〇億ないし二五〇億個あるだろうと言われており、そのうちの〇・二パーセントから一パーセントが危ないと言われていました。これはもう手の打ちようがないから放っておくより仕方がないだろう、ということでした。

実際に行われた社会的な措置は、政府の行政命令と変換作業の情報公開（前述）、つまり社会的な相互監視でした。

**吉岡**　費用の大半はプログラマー人件費とコンピュータ使用料なのですね。ところで予見ができていたとするならば、はじめから四桁にしておくということによって、優位性を確保して市場を取るようなメーカーとかサービス業者とかは、いたとしても全然おかしくないと思うのですが。値段が高くなるか(笑)。

**名和**　そうですね。あらかじめ四桁にしておけば市場で競争上優位になる、ということはなかったと思います。ただし、システムの更新に便乗して事業機会を得たコンピュータ関連事業者はたくさんいたはずです。

言い落としましたけれども、かつてはコンピュータのメモリーは小さかったのですね。だから年表示を二桁にしました。その桁を二桁増やすことは大変だったわけです。プログラムの役割はデータ処理です。ほとんどのデータには「年・月・日」が付いています。だから年の桁数は小さくしたい。だから昔は二桁が正常な使い方ということで。これが国際標準でもあったわけですね。実は、二桁表示ではなくて、年の四桁表示が国際標準だよと改められたのがいつかと言いますと、一九九二年ですね。したがって二桁はバグではないわけですよ。バグって言うのは欠陥ですよね。欠陥でないものに対して保険はかけられないとか、いろいろな問題が出てきたわけですね。かりに、組み込みチップのプログラムが暴走しても製造物責任を問われることもない。バグではないので。ついでに言いますと、ソフトウェアそれ自体には製造物責任は問われないことになっています。ソフトウェアはモノではないので。とにかく、世界標準に則ってできているのですから、ここが悩ましい問題ですね。

で、もう一つは、プログラムが長生きするだろうっていうのは、システム・エンジニアの頭の中に染みついているのですね。それは作るのは大変だし、今の言葉で言えば「見える化」っていうのですか、可視化が困難ですから、プログラムはいったん完成するとハードウェアに放り込んでそのまま放置する、と。一方、ハードウェアの方はどんどん大きくなるからいっこうに困らない。結果として、何をやっているのかわからないプログラムでも、今までどおり動かしておこう、といったことはありうるわけです。そのうちに時間がたち、プログラマーがどんどん交替してしまう、と。

ところがまあ、賢いところでは先ほど申し上げたように、なにか新しいプロジェクトをやるときに、新しいシステムを作るときに、気がついていて、その中に四桁変換の費用を忍び込ませていたとか、そういうことはあっただろうと思います。

**吉岡**　国際比較をすれば、この問題がどれくらい深刻だったのかということが、わかりそうな気がする。お金がある国はお金をかけるけれど、たとえば社会主義圏では冷戦終結の時期に経済崩壊したので、お金はない。……旧ソ連とか。

**名和**　ロシアはね、確か……。

**吉岡**　ああいうところだといろいろ問題が起きたとか……。

**名和**　ロシアはね、事前に政府が、対応を実施しないシステムが多いと発表していました。合衆国政府は、ロシアを含む四カ国にいる自国民に対して国外退去を勧告していました。

**吉岡**　この問題を見ていると、似たようなケースはいろいろあります。私のよく知っている原子力の世界から例をとると、バックフィットの問題だと思うんですよね。これは原発だけじゃなくて建築物の耐震性とかについても成り立つと思いますけれど。バックフィットを常にやっているわけですよね。日本の原発の場合には二〇〇六年に耐震設計審査指針というのが改定されました。その基準に合わせるべく全国の原発で耐震性評価とそれにもとづく補強工事が行われてきました。これはバックフィットではなく法的義務をともなわないバックチェックでしたので、福島第一原発は五年経っても評価が終わっていませんでした。しかし福島事故のあと、原子力規制委員会が発足し、新規制基準が二〇一三年七月に導入されました。その際に初めてバックフィットが法的に義務づけられました。基準を強化した際、それに適合しない古い施設は、運転してはならないというような仕組みに、一応なりました。一般の建物や施設では、バックフィットそのものが免除されたり、免除されなくても適合するまでに一定の猶予期間が認められることも多いのですが、原発では「バックフィット不適合」施設に猶予期間は与えられなくなりました。ようするに鎹《かすがい》を入れたりとか、弱い部分を補強したりとか、いろんな可搬式つまり移動可能な安全装置とか、固定式の安全装置を付けるとか、原子炉建屋を二重扉にするとか、そういうしょうもない仕事を、一基あたり何百億円もかけて、やっているわけですよね。原発の場合にはバックフィットは昔から、アメリカが先導する形で、一九七〇年代からずっとやってきて、それに慣れっこになっているとと思うんです。西暦二〇〇〇年問題をうまくすり抜けたあと、コンピュータ業界は済んでいるのか。同じようなバックフィット問題はその後起こっていないのでしょうか。

**名和**　二〇〇〇年問題に類した問題は他にもあります。ただし、その種のものは当時洗い上げています。対策はやっていると思います。私、現場のことはよく知りませんけれども。

　バックフィットは、普通のハードの世界ではあまりやらないですよね。だが、技術はどんどん動くわけですから、新しいリスクが出てくるとか。その場合、バックフィットはクリティカルなものだけやる、ということになるのでしょうかね。

**吉岡**　建築物なんかもやっていますが、学校については事実上無制限の猶予期間を設けています。耐震基準が厳しくなっても、何もしなくても違法ではない。だから事実上バックフィットはしり抜け状態で、全国の半分の小学校の耐震性が不足しているとか、そういうような状態になっていると聞きます。でもまあ関係者が平気でいるというのは原発のように計り知れない被害が出るわけではないから、予算がつく範囲で少しずつ進めていきましょうというようなところだと思います。でも二〇〇〇年問題はそうじゃなかったわけですよね。

**名和**　そうではないのですね。

**吉岡**　影響がとてつもなく大きくなる可能性があるからそうはいかなかった、と思うんですけどね。……あと一つ面白かったのが、世界標準だから、法的責任は問われないから、やらなかったという考え方ですね。

**名和**　やらなかったというか、あとで議論していますが、それまでの法律にも、また企業の取り引き関係のなかにもうまく埋めこむことができなかった。

**吉岡**　そうですね、はい。原発も似たような話で、法的責任をともなわない限り、できるだけ安全基準の最低ラインぎりぎりに、業界として合わせようとしていました。どの電力会社も基準よりも強い対策を取ろうとはしなかった。みんな横並びで最低ラインに合わせた。誰かがより高い安全性を追求するとみんな合わせなきゃいけないから、最低基準に全部合わせるというような行動様式が業界として採用された。電力会社間の安全性向上競争などもってのほかという文化です。東電がそれを主導したのかもしれないと思っています。コンピュータの世界でも何かあったんでしょうかね、そういうのが……。

**名和**　先ほど紹介したペーパー・ブリザードも、リスク回避のために作られた事業者間の擬似的な申し合わせといってもよいでしょう。話がそれますけども、「バグ」っていうのは昔、真空管式のコンピュータがうまく動かなかったときに、見たら、回路に虫が貼り付いていた、と。それがバグのはじまりなのですね。『オックスフォード英語辞典』を見てみると、「化け物」なんですね、本来の意味は。だから化け物という本来の意味に返ると二〇〇〇年問題のバグはまさにそうなのかもしれないですね。

――さかのぼりますが、プログラムを変える作業に世界で二〇兆円かかったということでしたが、日本が二兆円でアメリカが一〇兆円って言うのは……。

**名和**　それくらいアバウトなのです。

――なるほどそういうことですか、わかりました。

**吉岡**　ちなみに政府はいくら使ったんですか。

**名和**　それは分かりません。ただし内閣のY2K対策室の最終報告があります。それによれば、公共機関を含めミッション・クリティカルのシステムをもつ事業者は日本では二五〇四あり、その三・一パーセントが外部へ影響をもつ不具合を生じたとしています。なお、不具合は生じたが外部に影響することを回避できたものは、事業者数でみると、電力部門で五〇パーセント、核処理施設で一二・五パーセント、銀行で一一・五パーセントと報告されました。これも内閣官房の公表です。

**吉岡**　ところで、最悪のシナリオの場合、具体的イメージがいまひとつ湧いてこないのですが、どういうことが起こったのですか。

**名和**　そういうことは社会科学者の方が雄弁でした。技術屋よりも。……最悪の場合は、どこからかミサイルが飛んでくるだろうとか。

**吉岡**　それはあり得るだろう。

**名和**　最悪の場合を予想して、合衆国の政府がどんな対応をしたかというと、紙幣をたくさん刷ったのですよ。……連邦準備委員会はですね、このリスクに対して紙幣を七〇〇億ドル刷った、と。つまり混乱による現金の引き出しに備えた、と。『エコノミスト』に出ていました。これは通常の通貨供給量の約四五パーセントだと。

**吉岡**　まあ刷っただけなら、あとで使えばいいんだから。無駄ってわけではない。

**名和**　ミサイルは飛んで来なかった。エンジニアの方はそこまで言う人はいなかった。

**吉岡**　アメリカは、あるいはロシアは核兵器体系の運用システムを直したんですかね。名和さんにずっと昔、伺ったんですけど、防衛産業、あるいは防衛技術というのは非常に保守的であって、今までしっかり高い信頼性をもって動いていたものを、性能が悪くてもそれをずっと使い続ける傾向があると言いましたけれど、この二〇〇〇年問題で下手な対策をしたために、かえって何か起こるとかもあるんでしょうね。

**名和**　軍用システムの二〇〇〇年問題については、私には分かりません。ただし、軍用システムは長寿命ではないかというご質問であれば、多少は申しあげることがあります。私がロケット・エンジンという両用技術の仕事にかかわったときに見聞したことがあります。もう、半世紀も前のことですので、いまでは事情は違っているかもしれませんが。

まず、軍用の製品は過酷な条件のもとでも正常な機能を発揮することを求められます。北極海でも、熱帯雨林でも、砂漠でも、です。くわえて、その運用をする人の精神状態も「ストレンジ・ラブ博士」的になりがちです。そのような製品には設計、生産、検査、保守のいずれのプロセスにも手間と時間がかかります。これを短寿命で廃棄することはできないでしょう。だからでしょうか、軍事産業のほうには「計画的陳腐化」という言葉があるようですね。

第二に、それは大量生産・大量消費の、いわゆる日用品とは違います。日用品とは、たとえばネジ、電池、自動車などを指します。だが、ロケット・エンジンの品質保証の方法は、いわゆる品質管理とは違っております（第1章参照）。その特徴は、一品生産、といったところです。くわえて、それが新規製品の場合、あらかじめその仕様を決めておくことができない、ということもあります。だから、日用品相手の統計的な品質管理では役にたたない。そのような課題が残ります。とすれば顧客への品質保証を製品ということについてではなく、組織の管理能力に求める、ということになります。だから巨額のコストがかかります。ここに長寿命の第二に理由があろうかと思います。

ところで二〇〇〇年問題はなぜ忘れられてしまったのか。いまは、やたらと新しい話題が出てくる時代です、とくにＩＴ関係ではね。つまり、ダメ情報をいつまでも抱えて悔やんでいるような余裕はないのですね。先へ先へと儲かる話だけに食いついていく、と。どうやって新しい事業機会を見つけていくか、これがすべてのようです。社会全体が前のめりになって上滑りに滑っていくということでしょうか。

# II　情報システムの落とし穴

# 第3章　ＳＰＥＥＤＩ――公共システムの可視化

吉岡　斉

**吉岡**　ＳＰＥＥＤＩ（スピーディ）というのは日本語で言うと、「緊急時迅速放射能影響予測ネットワークシステム」です。英語名称は長いのですが、System for Prediction of Environmental Emergency Dose Information。これが問題になったのが福島の原発事故のときです。きちんとＳＰＥＥＤＩは機能していた。それは東京にあるわけですから、地震や津波ではやられないから機能するんだけれども、反面、あのシステムというのはＥＲＳＳというのと一体となって機能することになっていたわけです。ＥＲＳＳというのはEmergency Response Support System（緊急時対策支援システム）が正式名称です。これも本体は東京にあります。

で、このＥＲＳＳというのは、原子炉の状態を計測器データから推定し、事故の進展を予測するシステムですね。それが使えなくなった。だからＳＰＥＥＤＩはいわば片肺飛行を余儀なくされました。ただし漏れた放射能の量が実測できれば、それをＳＰＥＥＤＩに入力すれば拡散プロセスを予測できる。地形のデータはすでにＳＰＥＥＤＩに入っているわけです。ですから風向きのデータも入力すれば、どの場所に、どの時刻に、どのくらいの放射能が来るかのマップを瞬時に作ることができるのがSPEEDIです。しかし、放射能の量がわからなかった。現場付近のモニタリングポストが機能していれば、それなりの概算もできるのですが、それも地震・津波で壊れてしまった。その場合にもSPEEDIを使えないわけではなくて、仮の放出量を入力すれば、一ベクレルとかね、そうすればどの方向にどれだけたくさん放射能が降るかといった定性的なデータは出るわけです。

それを活用していれば、避難とかに有効に活用できたであろうと思います。何日かして首相官邸が気づいて、「なぜこれを使わなかったんだ」ということで問題になったけど、運用関係者は当然知っていた。しかし文部科学省、原子力安全・保安院、原子力安全委員会のいずれもが、それを防災に活用しようとせず、避難計画に役立てるチャンスを逃してしまったわけです。しかし少なくとも放射能雲（プルーム）がどの方向に高濃度で行ったかということはSPEEDIデータを用いて、浪江から飯舘へという方向、つまり北西に行ったというのはわかっていましたから、そちらの方向の住民をなかなか避難させなかったのは間違いであり、SPEEDIデータを公開していればそんなことはなかったんだと言われたわけです。

確かに、活用可能なのに使われなかったのは非常に問題であると、私もそう思いますけれど、他方では、あのシステムは精巧なおもちゃだった。SPEEDIはJCO事故を受けて本格的に運用されるようになったもので――JCO事故は一九九九年ですけど、それが起きる前は日本にはろくな事故時防災態勢がなくて、あの事故を契機にようやく原子力災害対策特別法が作られて、オフサイト・センターとかを作るとか、いろいろ決められたのですが、その中でSPEEDI活用というのも決められました。

ＳＰＥＥＤＩというシステムの開発自体については一九八〇年から日本原子力研究所で始まっています。一四〇億円ぐらい今まで使って整備・運用されてきた。でもあのシステムは非常に融通の効かないというか、計算能力は高いのだけれども、脆弱性が大きいというか、つまりＥＲＳＳやモニタリングシステムが壊れれば片肺飛行となり満足に使えないわけです。もっと融通のきくように、ＥＲＳＳを廃止し、放射能が漏れ出してから、いろいろな地点での実測値を活用して汚染量を推定するとか、そういうシステムにしておけば、もうちょっと使えたかもしれない。しかしながらＳＰＥＥＤＩとは別の緊急用システムがあってもいいということを事故調の中でも議論しました。たとえばアメリカは何をやっているかというと、簡単な拡散予測システムもあるのですが、空中から放射線測定器をヘリコプターとか飛行機に積んで、汚染地帯をグルグル旋回して、マップを数時間で作ってしまう、という方式を中核としています。アメリカでどうしてそんなシステムにしたかというと、核戦争を想定しているからです。原発の位置とその周囲の地形とかそういう固定した汚染源を想定したシステムではなくて、核爆弾はいつどこで爆発するかわからないから、爆心を中心として飛行機で測るというような、そういうシステムです。だけど、なぜ日本で整備しておかなかったのかが、事故調で話題になりました。まあ当時はそういう準備はなかったわけですが、これから作ればいいのです。

過酷事故を防ぐためには安全装置の多様性と、多重性が必要不可欠だというのは、福島事故以来ますます言われるようになったけど、それと同じ考え方を放射能汚染予測・実測システムにあてはめると、ＳＰＥＥＤＩだけに頼るというのは、とても変な話で、簡易的だが壊れにくい予測システムと両方あればよかったんだ。さらに航空機モニタリングの結果を実測値としてただちに出すのもまた意味がある。

だから少なくとも三重で出来るわけです、なぜそうしようとしないのか。出来なかったとすれば、これからやればいいじゃないかというふうに私は言ってきたわけです。ＳＰＥＥＤＩが十分に機能しなかったのはやっぱり失敗なんだけど、風向きと地形だけでも分かれば放出量一ベクレルとしてそのデータは出すべきだった。それは役に立ったはずだ。また三つの種類の警報システムを整備し、これを全部使えば、あるいは三つのうちひとつでも生き残れば、今後の防災に役立つはずだというふうに思っているわけです。

ところが日本の政府は今、何をやっているのかというと、アメリカ流のエアボーンの、空中からの測定は当分やりません、ということです。検討すらしていないみたいですね。あろうことかＳＰＥＥＤＩも廃止します、という方向です。とりあえず予算をどんどん絞っていって、今までは年一〇億円ほど出ていたのをとりあえず二億円くらいにして数年後にはゼロにするつもりだと聞いています。ＳＰＥＥＤＩもやめる、で、残るのは地上での事後的なモニタリング実測システムだけ、とのことです。予測はしないのです。放射能の状態を探るのに三つの手段があるのに、ひとつも使わないということです。そのうえで実測システムのデータをいつ周辺住民に示すかと考えると、たぶん政府はなかなか示さないと思うんですね。それを早く示すと避難行動に影響を与え、いわゆるパニックを起こすからというような屁理屈をこねて。まあ、福島事故のときもそうだったわけですけれども。放射能汚染状況を知る手段が周辺住民にはなくなってしまう。ＳＰＥＥＤＩを廃止する基本的な理由というのは、とにかく周辺住民に情報を出さないというところにあると思うんですね。なぜかというと、ＳＰＥＥＤＩの存在をみんな二〇一一年三月に知ってしまいました、国民は。だから今度なにか起こればＳＰＥＥＤＩのデータを出せということを、皆が政府に要求してきます。そうすると出さなきゃいかん。そうすると、ここの放射能が濃いぞ、とか地図に出て来てしまいますから、政府の思うように住民が動いてくれない。それでは困るというので、政府の言うとおりに国民が動くようにしようということで、情報そのもの、情報入手の手段そのものを消してしまう方向に動いているのではないか。非常に問題だと思っています。政府関係者のいう「パニック」というのは、国民が政府の統制に従わなくなるという意味です。それによって多くの死傷者が出るわけでは必ずしもないのですが、政府関係者の価値観ではいかなる状況下でも「パニック」を抑止することが重視されるようです。

若干補足すると、今の政府の避難の考え方というのはどういうものかというと、原発から五キロ圏と三〇キロ圏の二つのエリアに分けます。まず放出地点から五キロ圏内の人を三〇キロ以遠に逃がす。そのあと放射能が一定の濃度を超えたら、五キロから三〇キロの間に住む人を圏外に逃がす、と言っています。逃がすにもいろいろ方向があっていいと思うんですけど、方向を定めるには測定しなきゃいけない、そして予測をしなきゃいけない。どのように放射能が飛んでいくかの予測が必要なんだけど、放射能雲が通過したあとで実測したのでは、とっさの判断で逃げる方向を決めるには役立ちません。まあ遅ればせの避難に役立つことはあり得るけど。そういう形で避難計画そのものの有効性がほとんどなくなるようなかたちで、システムを変えようとしている状況があります。そういうかたちでシステムを構築したり運用するのはおかしいんじゃないかというのが、ここで持ち出すテーマであります。

**名和**　吉岡さんのご指摘は、第一にＳＰＥＥＤＩの情報システムとしての信頼性についてであり、第二に出力の公開性についてですね。前者については、役に立たなかったから止めてしまえという評価が出たということでしょうか。後者は、その出力をだれが使うのか、つまりＳＰＥＥＤＩのユーザーに納税者は入らないのか、ということですね。

**吉岡**　政府事故調の報告には、ＳＰＥＥＤＩに風向きと風速を入力すれば、地形データはすでに組み込んであるので、放射能の飛散についてかなり正確に予測することができたと書かれています。たとえば三月一四日に3号機が、さらに三月一五日に2号機が危機的状態に陥った時点でそのデータを出していれば、もっと賢い避難ができたんだ、ということです。ＳＰＥＥＤＩの有効性を強調し、それが使われなかったことは問題だとしているわけです。しかし一方では、国会事故調の方では、役に立たなかったということをもって、機能しなかった、と否定的な評価をしています。原子力規制委員会は二つの事故調の報告書から謙虚に学ばなきゃいけないと思うんです。原子力規制委員会の五人の委員の中に、原子力防災を総合的に理解している専門家はいないのですが、過酷事故がどのように進行し放射能が原子炉からどのように漏れていくかということの専門家として更田豊志さんという委員がいて、他の四人は商業用原子炉については素人です。その更田委員が記者会見でマスメディアに対して、ＳＰＥＥＤＩは役に立たなかったから廃止をするんだと、そういう言い方をしているので、これは政府事故調の一員としては非常に不愉快な話です。役に立っていたはずなのに活用しなかったのはけしからん、という結論を政府事故調は出したのに、なぜ役に立たなかったと勝手に認識を変えてしまうのかと非常に腹立たしく思うのです。そこから考えると、更田さん本人も含め、原子力規制委員会の狙いはＳＰＥＥＤＩを廃止することそのものだったとしか私には思えない。つまり、周辺住民の避難行動をカオス状態にするのが嫌だから、政府の言うとおりにしなくなるのが嫌だからということです。

**名和**　どんな情報システムでも、いろいろな脅威を想定して設計仕様を決め、受け入れ検査をし、そのあと、日々の運用をしていくわけです。そのいろいろな脅威を想定していたのでしょうかね。つまり、作ればよいというだけの話なのか……。

**吉岡**　あれは文部科学省の管轄です。科学技術庁の開発プロジェクトとして作られて、運用も科学技術庁の後身である文部科学省がやっていたのですが、あの事故の際に、文科省はそもそも防災をやるところではない、計算をするところだというふうに言って三月一五日、原子力安全委員会に全部、運用のための人員もつけて、委ねてしまった。でも、安全委員会はスタッフも貧弱で緊急事態に対応できない集団だから何もできなくて、放っておいた。そうこうしているうちにＳＰＥＥＤＩを活用するチャンスをなくしたということなんです。文科省が何のためにＳＰＥＥＤＩを作ったのかというと、どうもよくわかりませんが、作るために作ったとしか思えないんです。スーパーコンピュータで精巧なシステムを構築するという、それだけが目的であって、少なくともそれが主要な目的であって、実際の運用まで智恵が回らなかった。過酷事故は起きないという前提で来ていたわけですから、過酷事故が起きた場合の演習とかも当然やらなかったし、データだけは打ち出していた、ということだと思います。

**名和**　つまり、システムの責任者がいなかったということですね。制度的な問題だということもあるのでしょうか。

**吉岡**　もちろんそれはありますね。ですから今度は、あの事故を受けて原子力規制委員会が全部責任を持つということに一応は変わりましたから、そういう点では計算と防災は一体化された。その前は事故は起こりえないからそもそも使う機会は来ないんだという前提でいたのが、少なくともそうではなくなったわけです。せっかく一体化されたのに、それなのに廃止してしまうというのは納得のいかない話です。

**名和**　失敗という経験が分散化、あるいは希釈化されてしまい、きちんと継承されていない、ということですね。

**吉岡**　そういうことですね。もうひとつ失敗の経験を教訓として活かすべきはモニタリングですね。東日本大震災の地震と津波で、モニタリングポストやその電源の大半が壊れてしまい、実測もできなくなったわけですが、それでも早い段階から車にセンサーを積み込んで実測しています。かなり豊富なデータが揃ったのは事故の五日後の三月一六日頃です。私たちがマスメディアでよく見るような福島県とその周囲の放射能汚染地図の状況は既に把握できていた。それに加えて三月一七日には、アメリカのエネルギー省が核戦争の放射能汚染状況を確認するような、そういう飛行機を飛ばして、そのデータを日本政府に提供している。政府事故調は一七日に提供したアメリカのデータについては、あれを活用しなかったのはさほど問題ではないという結論を出しています。なぜなら日本側も一六日までに、車載の放射線計測器でだいたい同じような地図を得ているから、というのがその理由です。そう言っているんだけど、あれをなぜ活用しなかったのか。深刻な汚染状況を知りつつ公開しなかったのかは問題であり、間違いだと思います。これも情報秘匿という点でＳＰＥＥＤＩと同様の問題です。ＳＰＥＥＤＩがもし効果があったとすれば、大量に放射能が出た三月一四日と、特に一五日なんですね。一六日にはだいたい地上に放射能が舞い降りた状況がモニタリングでわかっているわけですから、それ以後はＳＰＥＥＤＩなんて使ってもしょうがない。実測値があるわけだから。その後に大放出があれば話は別ですが。モニタリング部隊は高濃度汚染地帯へ防護服で入っていって、何も知らされていない住民が横で見ているのを尻目に入っていって、目立たぬよう素早く測定をして車でまた別の場所に移動するという、そういう形で実測値を蓄積していった。しかしそれを秘匿してしまった。使わないのになんで測るんだという……。なんかの役に立ったんですかね。これがそもそも問題で、これの総括をしなきゃ次に過酷事故が再発したときにやっぱりデータは出さないだろうな、というふうにしか思わないわけです。

**名和**　今おっしゃったことは、緊急通報システムの日常的な運用についての教訓になりますね。想定しなかったとか、非常に発生頻度が低いだろうと思われる災害に対する緊急通報システムは、通常、どんなメンテナンスをしていたらよいのだろう、と。

**吉岡**　これはスーパーコンピュータを購入して新奇なシステムを作りたいという技術者の欲望のために作られたものというふうに私は理解しています……。

**名和**　八〇年代の昔話ですけれども、土光臨調の下働きをしたときに、役所の情報システムを見て回ったものです。どのシステムも民間人の眼でみると、二重化を配慮したとしても、思い切りリダンダント（冗長）にできていましたね。問題は人間系のほうもリダンダントになっているかですね。いまはどうなのでしょうか。システムは人間・機械系であり機械系にのみお金をかけてもそれでことはすまない、ということでしょう。

ＳＰＥＥＤＩにもどります。今、ウェブ検索で確認したのですが、複合システムの一単位ですね。政府官邸、安全委員会、原発施設、気象協会、自治体、周辺住民などのシステムと連携していますね。連携というのは、たがいに入力や出力を交換しているということです。だが、現実にはその連携が機能しなかった。入力が途切れてしまった、あるいは出力の有効利用ができなかった、という不具合が生じたわけですね。

連携システムをうまく動かしていくためには、組織間のはっきりしたプロトコルを作っておかないとダメだと思います。しかもそれへの脅威がいつ生じるのかわからない、何十年に一回あるかないかわからないとすれば、運用する要員はつぎつぎと交替してしまうわけですから、そういうシステムの運用に対するノウハウ、システムの危機管理にかんする意識を含めてですね、それらの継承をきちんとやっていかなければならない。そう思うのですね。これを複合システムの各単位が相互点検しながら続けていかなければならないでしょう。

もう一つは、複合システムを構成する各単位の危機管理の要求水準や運用ノウハウの経験などが、互いに違うということもあるでしょう。これはシステム設計以前の問題のような気がします。制度上の問題ですね。

**吉岡**　関連して問題があるとすれば、今おっしゃられたような、政府組織としてどのような責任体制で取り組むのかというのが依然としてはっきりしていません。原子力災害対策特別措置法と、その運用ルールである原子力災害対策指針にある事故対処組織が、今回の事故で役に立たなかったことが証明されたにもかかわらず、ほとんど改正が加えられていません。原子力規制委員会というのは従来の組織よりは強力なんだけれども、かつての原子力安全・保安院と原子力安全委員会を足したようなもので、結局、政府の原子力災害対策本部の補佐にまわり、官邸の事務局になるわけですが、対策本部自体は自衛隊とか消防とか警察とか、そういう組織を動員して、物資の輸送や救助とかやらなきゃいけない。つまり組織が二元的になっている。災害対策と原子力事故対策の両者を束ねる統一的な枠組みがないというのが問題で、それに関しては、もうちょっと統一的な部署を作るべきだという議論があります。たとえばアメリカでは三〇年ほど前にＦＥＭＡ（Federal Emergency Management Agency 連邦緊急事態管理庁）という政府機関ができているわけですが、日本にはないわけです。ああいう組織を作らなきゃダメだと考えている人は多いです。原子力事故の本質からいって、ありとあらゆる国家資源を動員しなければ対処できません。ましてや地震や津波などとの複合災害では手も足も出ない。原子力規制委員会と防災関係の実力組織をまとめて動かせるような専門組織がなければ対応できない。そういうことを私が言うのは、原子力規制委員会が結局、そういう危機管理とか、防災とか、それを実質的にやってない、やろうともしていない。やっているのは新規制基準を満たすかどうかの検査だけです。いわば原子力保安協会です。防災体制の妥当性についても専門的に審査できるような組織を作らなければならない。再稼働するというのであれば、このような組織がないことは重要な落ち度だと思います。

**名和**　人間系の方が問題ですね。

**吉岡**　縦割り行政とか、そういう言い方をされます。

――アメリカの場合っていうのはスリーマイル島原発事故後で……。

**吉岡**　その直後の一九七九年四月ですね。連邦政府として一元的に避難とか防災や救助を司る、地方とも連絡をとってという……地方というか州政府や、さらに町の行政府と連携をとってという、そういうネットワーク、全体を取りまとめる役割をになう組織としてＦＥＭＡというのができて、一万人の職員がいるわけです。でも二〇〇三年に国家安全保障省が設置され、それに組み込まれてから今一つうまく機能していないという意見もありまして、結局は縦割りを完全には解消していないからだとか、いろんな組織の人が出向してきているとかいうことらしいですね。

**名和**　ハリケーン・カテリーナの対応で評判になりましたね。

**吉岡**　ああ、そうですね。失敗の見本みたいなものだという。

――SPEEDIの場合、だいたいどのくらいお金がかかっているんですか。

**吉岡**　今までの開発費が一四〇億円と言われているけれど、運用費は年間一〇億円くらいなんです。一〇億円なら保険料のような金額なので続けてもいいじゃないかと私は思います。原発事故に対して、もしうまくいけば完璧に放射能雲の流れを予測できるわけです。うまくいけばというか、地震や津波で原子炉の計器や放射線測定器やその電源が壊れなければね。たとえ原子炉本体が壊れても、モニタリング設備を強化しておけば放射能データは完璧に出ますから、なんでそれをやめてしまうのか、合理的な理由がわからない。

**名和**　そのシステムはどこに置いてあるのですか。

**吉岡**　東京です。見たことはないですけど。官邸の幹部たちはそうしたシステムの存在を誰も知らなかったとかいうけれど、まあそうでしょうけれど、原子力関係者はみんな知っているわけです。原子力安全に関する大学の教科書にも書いてあります。

**名和**　重要システムの地理的な位置は、セキュリティへの配慮から、秘匿しておくのが近年の風潮のようです。また、システムの信頼性の向上には二重化、くわえて分散化が常識ですけれども……。

**吉岡**　たとえば玄海原発ですが、玄海原発は九州の佐賀県にありますが、真南にある佐賀市からはかなり遠く、四〇キロほどあります。それに対して、福岡市には三五キロぐらいの距離です。方向は福岡市の真西です。過酷事故を起こしたときに西風が吹いていると瞬く間に福岡市に放射能雲が到達します。原発の入口から北に向かって二キロぐらい専用道路があって、その先が三叉路というか、三つに分かれていて、一つは、北へ、岬の方に行き日本海の方をぐるっと回って唐津に至るルートです。二つめは、東へ唐津の方に行きます。三つめは、南へ佐賀の方に、これも沿岸沿いに走ります。原発の二キロ先で三つに分かれていて、その地点で風向きが分かれば、三つのどっちに逃げればいいかというのが分かる。それを決めなきゃ大変なリスクを冒すことになるわけです。しかし政府はそれを決めるためのデータを出すつもりはないと言うんですよ。予測システムを使わない、というのはそういう意味です。日本のほかの多くの原発でも、風向きを頼りに逃げる方向を判断しなきゃいけない。ところが原子力規制委員会は、逃げる向きについては何も考えずに、まず五キロ圏内の住民を三〇キロ圏外の遠方へ逃がすといったことだけしか決めてない。これは放射能雲の拡散状況を何も調べなくてもできますから。そういうふうにして避難民を落ち着かせ、パニックを防ぎたいと意図しているとしか思えませんね。実際には情報が与えられなければ、避難民はますます不安になると思いますが。もちろん福島事故の教訓を原発周辺住民は学んでいるので、自衛のための手段として線量計などを購入している人も少なくないでしょう。またこれといった自衛手段を持っていない人でも、誰に聞けば信頼できる情報を得られるかについての知識は持っているでしょう。そうした賢い住民の不安を、政府が解消できるとは到底思えません。

**名和**　ＳＰＥＥＤＩに事前にいろいろな風向きと風速を初期値としてインプットし、そのアウトプットを周辺住民にあらかじめ配っておく、という手立てもありますね。

**吉岡**　それです、はい、ハザードマップ。

**名和**　はい、ハザードマップですね。

**吉岡**　原発放射能拡散ハザードマップがあればいいんで。まあ、たられば論だけれど、福島事故の際にそのようなものがあればだいぶ違ったんじゃないだろうか、というふうに言われています。だから、SPEEDIよりハザードマップの方が良かったと。

**名和**　そうですね。

**吉岡**　でもまあ、両方あったほうがいいと私は思います。

**名和**　SPEEDIはふだんは余力をもっていたのでしょうから、ハザードマップも作っておけばよかった。

**吉岡**　だからそういうのを紙で貼っておくといいんですよ。

**名和**　あるいはスマホ用の簡易版でね。地元の人が、今日もし事故が起きたらこうだよ、と知る程度のことはやってもいいのではないでしょうかね。

**吉岡**　イザというとき、緊急時には紙というのがわりと頼りになるらしいんですね。今度の福島事故でもそうだったみたいだけれども、結局、図面とかマニュアルとか、そういうのはコンピュータでも出るんだけど、停電で全部ダメになっていたというような状況がある中で、紙というのが重宝でした。それも多重化の話かもしれませんが、両方あれば確実に役立つということでしょうね。

**名和**　ちょっと話題が変わりますが、追加を一つ。原子力分野にはIAEAによる安全文化という概念があり、情報通信分野にはOECDによるセキュリティ文化という概念があります。SPEEDIは両者の対象になるわけですね。私の理解では、安全文化は当の組織内の統制原則、情報セキュリティ文化は利害関係者のみならず、ユーザーまでもとりこんだ統制原則です。つまり、前者は組織内における階層型の統制をよしとする文化、後者は社会の全域にわたる分散的な統制をよしとする文化、ということになります。文化という語彙をこのような文脈で使うのは変な気もしますが。

二つの文化の適用範囲の食い違いは、二つの技術の特性を反映していると思います。安全文化は安全を専門家によって組織内に抑え込む、これに対して情報セキュリティ文化は、それが不可能なので、ユーザーにまで安全についての覚悟を求める、という構造になっています。

さきに、SPEEDIが多くのシステムと連携していると言いました。一方には政府官邸、原子力委員会、事業者など責任者側と、他方には自治体や地域住民などユーザーとも連携しています。とすれば、SPEEDIは双方のインターフェイスとなる役割ももっていたはずでした。だが、その役割を自覚していなかった、ということでしょうか。

——脱原発運動にも様々なものがありますが、高度な情報を欲しがって、吉岡さんに、情報について、率直に「お伺いしたいんですが」などと聞いてくるような人たちはいるのですか?

**吉岡**　まあ、脱原発の人々の中にも計算が好きな人は、そこかしこにいまして、地震についても普通の人々が地震のにわか専門家になって、この断層が危ないとか論じています。また放射能の拡散についても、風船飛ばしてシミュレーションするとか、そういうのはある。測るのが好きな人が一定数いるから、そこまで私たちに聞いてくることはあんまりないですね。むしろ政策上の主な争点が、どういう配置をしているのかとか、原子力事業の全体的な状況。こういうところについて総合的な知識を得たいという人が、私なんかに聞いてくる。全体のバランスのとれたある全体像みたいなものを求めてくるということです。もちろん私は政府審議会にも関わっているので、そのあたりの具体的情報を一定程度は知っていますし、その情報を欲しがる人も多いです。

さきほどの名和さんの問いかけに戻りますと、原発事故のような巨大災害における防災は、被災者の理性的な判断と行動がなければ、成功することはむずかしいと思います。政府が危険情報を公衆に対して秘匿した上で「由らしむべし、知らしむべからず」という態度で住民に指示を出すという防災思想からは、一刻も早く卒業すべきだと思います。基本的情報をすべて提供した上で、理性的な防災・避難計画を示し、住民の行動を促すことが防災関係者の使命です。そのためには住民も防災関係者も、原子力防災に関する十分な知識をあらかじめ得ておくことが必要です。

**名和**　ＳＰＥＥＤＩのソフトウェアは公開されているのですか。

**吉岡**　公開されていないんだけれども、公開する方針であるということを、先日ＳＰＥＥＤＩ予算をばっさり削るときに、担当職員が言いました。

**名和**　それを見たからといって、だれもがすぐに使えるというものでもないでしょう。だが、少なくともソフトウェアを公開しておけば、世間にはソフトウェアの専門家は大勢いるわけですから、その中には、このＳＰＥＥＤＩに関心をもつ人も現れるでしょう。そういう人が、たとえばここが使いにくいとか、こうすれば簡単に計算ができるとか、要するに簡略型のＳＰＥＥＤＩを作る智慧を出してくれるかもしれませんね。オープンソース・プログラムの流行る時代ですから。ボランティアで。そうすれば、簡略型のＳＰＥＥＤＩで、誰でも計算できるようになるかもしれません。お役所にまかせてなくても。

私はこんなかたちの情報公開があってもよいのでは、と思いますね。
ソフトウェアはお金をかけた知的財産だから公開できないとか、あるいは納入業者の企業秘密が入っているからオープンにできないとか、そういう話はあるかもしれませんが、それは別の話ですね。当のシステムを保有する機関の設置法に出力の公開を組み込んでおけばよい。少なくとも緊急情報システムのようなパブリックにかかわるソフトウェアは、誰でも見ることができるようにしてほしい。公開されていれば、仕様の欠陥もプログラムのバグも、「多くの目玉」でチェックできます。そういう機会を納税者はもつことができます。

**吉岡**　それと似たようなケースで、もう三〇年近く前、一九八六年のチェルノブイリ事故のちょっとあとのことなのですが、京大の原子炉実験所の瀬尾健さんという人が、大事故で放射能が大量放出された場合の放射線被曝の推定値——積算推定値を計算するソフトを出して、当時はパソコンでフォートランで動かしていたと聞きます。それで随分話題を呼んだことはあります。もちろん当時のパソコンの計算能力には限界があるので多くの単純化をしたそうですが、それでも計算できるようになったことは重要なことです。

それと同じようなことで、SPEEDIのエッセンスを活かして、パソコンで動かせるSPEEDI、簡易SPEEDIというのが、情報公開を元に開発されればいいですね。今回の事故でどういうことが起きたかというと、SPEEDIほど精密ではないがそれなりの計算ソフトは、いろんな国のいろんな研究者が持っていて、ドイツの研究機関がそれを公開したら日本から随分アクセスがあったらしい。で、そうこうしているうちに日本政府から公開を止めてくれというような要請があって、止めざるを得なかった。ましてや日本政府の息のかかった人というのは、やっぱり言っちゃいけないということで口を閉ざす可能性が高い。日本気象学会の新野宏理事長が情報発信の自粛を促す通知を出した事件は福島事故で問題になりましたが、箝口令を敷いてしまうようなところがある。そういうことをまたやられたら、せっかくある情報ソフトが活用できない恐れがある、という問題はあります。原発反対運動の方が簡易SPEEDIを持っていて、事故に際してネットを使ってフルに活用することはきわめて重要です。原発反対運動に限らず、そういう技術が好きで原発が嫌いな人、あるいは周辺住民に危険情報を提供する責任感をもつ人は、運動をやっていなくても色々いるとは思いますから、何かそういう人が頼りになる情報を公開してくれるといいですよね。今度は箝口令が通用しないかもしれません。福島では箝口令や自主規制による情報秘匿は結局、防災の観点から良くなかったのだというふうに私は思います。いろいろな事故調の報告書は、それがよくなかったというのをあんまり問題にしていませんが、箝口令、情報規制はよくなかったと思いますよ。

**名和**　いま、シミュレーターの簡易版を作成して公開したら、という提案をしましたが、これには根拠があります。長らく地球温暖化について活動している西岡秀三さんから聞いたのですが、いま温暖化の関係者のあいだで「二〇五〇パスウェイ・カリキュレーター」というシミュレーターが話題になっているとのことです。【注1】二〇一〇年に英国のエネルギー・気候変動省（DECC）が開発したもので、専門家版、政策決定者版、簡易版があるといいます。日本版も開発されたようです。英国政府は公開することにより、これを世界標準にする思惑をもっているらしい、とのことです。

【注1】http://my2050.decc.gov.uk/ 〔日本版〕http://www.2050-low-carbon-navi.jp/web/jp/

**吉岡** ちょっと話が外れますが、福島事故時の官房副長官だった福山哲郎さんは、原発から半径二〇キロの住民のみ避難させることにこだわったのは正しかったと自分では言っています。本当はもっと逃げなくちゃいけないのに。それをやると東北自動車道や新幹線にかかってしまい、それも全部止めなきゃいけないというのがその理由です。黙っていた方がよかった……と。

**名和** そこは政治的な判断でしょうから。「交通は遮断、ただし新幹線は除く」という公表があってもよかったと思います。法律には、やたらに「何々を除く」という文言が入るわけですから。やはり基本的な情報はオープンにして、ただしここは除く、とこういうやり方の方が国民の理解を得やすいと思います。

**吉岡** パニックなんかになるようには思えないんですけど。パニックっていうのは結局、政府用語で、行政用語で、国民が政府の言うことを聞かないことをパニックという。それで人が死ぬとか死なないとかとは、あまり関係ない言い方で使っているように思えます。

―― 些細な質問ですが。SPEEDI、この長いシステム名、日本語訳の中には「放射能」って入ってますが、もともとの英語表記の中に「放射能」っていうのが入っていませんね?

**吉岡** "Dose"(ドウズ)というので入っている、これ被曝《ひばく》っていう意味だから。

―― ああ、Doseでしたか。失礼しました。

# 第4章　グーグル——私的システムのつくる社会的規範

名和小太郎

**名和**　私はグーグル論をしてみたいと思います。

結論を先に申し上げます。パソコン画面には初期設定があります。これを「デフォルト」(default)といいますが、辞書を引くと「デフォルト」の原義は「何もしない」とでてきます。私がここで言いたいのは、グーグルのアプリケーションの初期画面がサイバー空間に実空間とは異なった新しい秩序を設けつつある、ということです。現在、私たちは実空間とサイバー空間とを往き来しながら仕事や生活をしているわけですが、結果として、二つの空間に対してダブル・スタンダードを使い分けるように強いられています。一国二制度的な環境に置かれている、と言ったらよいでしょうか。

そこでグーグルですが、この私企業は「世界中の情報を整理し、世界中の人びとがアクセスできて使えるようにする」という社是を持っています。グーグルはそのモットーに従って着々とサービスを拡大してきました。ここにグーグルのCEOが書いた『第五の権力』という本があります【注1】。冗長ですけれども、ホンネが出ていると私には読めます。そのホンネですが——いわゆる技術屋のホンネというか、あるいはベンチャー企業のCEOのホンネというか、それらの多くは楽観論ですが——それらとは一味違っているのですね。つまり、ビジネス・オポチュニティのつかみ方の話ではあるのですが、実は、なんといったらよいのでしょうか、そこにニヒリズムとでもいうのでしょうか、それが透けてみえるのです。たとえばプライバシーについて、冷静にみれば、それはもう無い時代になったのではないか、と書いています。「匿名には大きな代償を伴う」と言っているのですね。その代償が何かは、これからお話をすることにかかわります（以下、八六ページ「追記」参照）。

【注1】エリック・シュミット、ジャレッド・コーエン著、櫻井祐子訳『第五の権力——グーグルには見えている未来』（ダイヤモンド社、二〇一四年）

グーグルは、いろいろなアプリケーションを出しています。まず「Gメール」を始めました。二〇〇四年に始めた無料サービスです。発信者からメールを受けとると、その内容に連動した広告をつけて受信者に送る、と。そういうシステムです。ということは、メッセージのヘッダーと本文を読んで、そのキーワードをチェックしているわけですね。一方、通信事業者は、合衆国の通信法でも「通信の秘密」を守れと定められています。だから、「これは何だ」という議論は出たわけです。グーグルは「メールを覗いているのは人間ではなく機械だ」と弁明しています。詳しい法的な論点はここでは省きますが。

次に「ストリートビュー」が二〇〇七年に出ました。これは「グーグルマップ」の出力である地図上の一点をクリックしますと、その周りのパノラマ写真が出てくる、というアプリケーションですね。これが問題になった。たまたまそこにいた人の顔が、あるいはそこにあった乗用車の番号が写ってしまう、これはいったいどうなのか、という議論が起こったわけです。（最近、顔認識の技術は急速に発展しました。）

グーグルはそのときは写真にモザイクをかけたりしてその場をしのぎました。これには後日談がありまして、グーグルが街路を走りながら写真を撮っていたその車の中に、実はワイファイ（Wi-Fi：Wireless Fidelity）の受信機があって、その近所でやりとりしている無線通話のメッセージを記録していました。そこには位置データ、パスワード、メールアドレスなどが含まれていました。これは盗聴になるのではないか、と。グーグルは、街路は公共空間であり公共空間を流れる無線のメッセージは放送である、と反論しました。

ほかに、グーグルのＳＮＳ（ソーシャル・ネットワーキング・サービス）にも似た問題があるといった議論が続き、今日に至っています。グーグルは多くの訴訟を抱えていて、どこそこの連邦地裁がこんな判決を示したといったニュースが、二〇一四年時点でも続いています。

こんな事件が次々と起きたわけですね。人権団体は訴訟をくり返しています。だが、ほとんどのアプリケーションはユーザーに受け容れられています。現実には、グーグルの作ったアドホック（その場限りの）なルールが通っていることになります。それはアドホックであるにとどまらず、デファクト（事実上の）標準として、公的な標準、さらには実空間の規範（法律を含む）に代わってサイバー空間を仕切り始めた、ともいえます。結果として、私たちはダブル・スタンダードによって小突き回される羽目になったわけです。

話を進めます。なぜ、ユーザーはグーグルのルールを認めてしまうのでしょうか。第一に、ユーザーが画面のデフォルトを素直に認めてしまうこと、第二に、ユーザーが、グーグルの検索エンジンに引っ掛からない人は実空間にも存在しないことになる、といった懸念あるいは恐怖感をもつからではないでしょうか。以下、前者を「デフォルト問題」、後者を「アイデンティティ問題」と呼びます。

まず、「デフォルト問題」について。グーグルのアプリケーションを使うためには、グーグルの初期画面の上で、グーグルのプライバシー・ルールに「同意しますか」と問われ、「同意します」をクリックするという手順を踏む必要があります。ところで実態はどうでしょうか。多くの人びとはプライバシー・ルールを読まないまま、「同意します」のクリックを形式的にしているのではないでしょうか。もし「同意しません」とするとどうなるのか。そこから脱出することをオプトアウトと言いますけれども、そのオプトアウトの手順はそれなりに厄介です。だから、多くの人はヒューマン・インターフェイスのより簡単なデフォルト画面の「同意します」で、そのアプリケーションに入ってしまうわけですね。

グーグルに限らず、そのデフォルト画面というものが、コンピュータのアプリケーションにはやたらにあるわけです。そのデフォルト画面をクリックすることによって、ユーザーは簡単に便益を得ることができます。だからデフォルトのルールがデファクトになるわけです。

けれども、これらのルールはグーグルなり、いろいろなネットワーク関連事業者が私的に決めたルールで、多くのユーザーがそれに誘導され、同意してしまうということですね。それが業界ルールに進化します。そういうルールは別に法律によって強制されているわけでもない。ですから、サイバー空間におけるあれこれの約束事は、じつは事業者が決めている、そういうことだと思うのです。

たとえば、「氏名&購入履歴」は個人情報として法律の適用対象ですが、「携帯電話の製造番号&検索履歴」はそうではないでしょう。この線引きは微妙ですね。これがあるために、既存の法律はとかく擬制になりがち、ということになります。プライバシーの定義にしても、一九世紀末には「独りにおいてもらう権利」、二〇世紀半ばには「自分に関する情報をコントロールする権利」と言われていましたが、現在では「追跡されない権利」などと変化しつつあります。

ここで第二の「アイデンティティ問題」に移ります。パソコン画面上の一単位のデータを「エンティティ」と呼びます。それは文字列にすぎませんが、その先に実体があることを予想させます。だから、グーグルで自分の名前を検索できない人は、自分の実空間における存在を否定されるような気分になりかねません。これは研究者や芸術家にとっては耐え難いことでしょう。SNS漬けの若者にとっても事情は同様でしょう。これが先に言った「匿名の代償」です。

話を戻します。法律としては定められてないけれども、この社会にはあれこれの行動規範があります。その一つとして、今、申し上げたようなデファクトなルールがあるだろう、と。そういうものを法律家は近年「ソフト・ロー」と呼んでいるようです。法律でもない、しかも政府がエンフォース（執行）しているものでもない、と。しかしながら、人びとはそれに従って動く……と。

結果として、私たちは先ほど申し上げた一国二制度的な環境に追い込まれることになります。ところで、「二制度」の一つは国に属していますが、もう一つの方はサイバー空間に属していて、グローバルに運用されている場合が多い、つまり越境する場合が多い、と。この辺がまあ、面白いと言えば面白いけれども、怖いと言えば怖い、というのが私の申し上げたいことです。

**吉岡**　さて、どう話を絡ませていいかよくわからないですけれど、二、三、問答しているうちにツボがわかってくるかもしれません。個人情報保護法というのが日本でも二〇〇三年に施行されましたが、それによっていろいろ不便なことが起きている。私たちが情報を得るのに、あるいは利用するのに使いにくい方向で機能している、と思います。一番身近な例ですと、教職員名簿や学生名簿すら私たちは持っていない、大学では。

そういったふうに個人情報保護を理由に、多くの情報が秘匿というほどではないですが、きわめて取り扱いが厳重になって、許可がいるとかそういう状況になっているわけです。その一方で、これはプライバシー保護とは別の問題ですが、情報公開法ができたにもかかわらず、多くの重要な情報が保存期間を過ぎたということで廃棄される。保存期間内の情報でも誤って廃棄されたりする。それに対する罰則も政府機関にはありません。情報の漏洩への罰則はありますが、廃棄への罰則はありません。特定秘密保護法が二〇一三年末に成立し、二〇一四年末から施行されますが、ますます情報秘匿が手厚く保護されることになります。それとは別に、本来、公開してよいような情報もプライバシー保護を理由にみんな秘匿されてしまう。これはプライバシーという言葉の拡大解釈かもしれませんが、国家公務員や公権力者の行動がプライバシーを理由に非公開、秘匿されるということがあります。

最近の例として、私が一番それを感じたのは、政府事故調のヒアリングでありまして、七七四人にヒアリングをしたのですが、捜査当局から出向してきた事故調事務局スタッフが主にそのヒアリングをやるわけです。委員は基本的に参加しません。要職にある特別に重要な人物のヒアリングに委員が参加を希望しても、狭い部屋で満席だからといって事務局から断られるケースもある。逆に専門家として同席を求められるケースもあります。七七四人は全部、公開に同意していないという扱いになりまして、録音記録やそれを文書化した資料はすべて非公開となりました。「公開に同意しますか、それとも同意しませんか」と中立的に訊ねられたヒアリング対象者はわずかだったと聞きます。

そして、ヒアリングの相手の意向にかかわらず、全部非公開にされてしまいました。で、政府事故調報告書には、事故に関わった重要人物の名前を出すこともあるんだけど、政府機関では審議官以上、企業では役員以上。こうした人々については本人の許可を得て名前は出すけれど、それ以下は原則として名前は出さないというようなかたちで取り扱われる。そうなると結局、事実関係が明らかにならないで、隔靴掻痒の箇所に満ちた事故調報告が書かれる。しかも、その元となる資料も公開されないで、調査内容全体がブラックボックス化するという状況が今もなお続いているわけです。朝日新聞が吉田調書【注2】をどこからか入手したのをきっかけとして、政府はヒアリング対象者ひとりひとりに対して、開示・非開示のどちらを選ぶか確認をとり、開示に同意した方々のヒアリング記録を公開しています。一定数の方々が同意し、その方々のヒアリング記録が公開されていますが、最初からヒアリング対象者に対して、開示することにイエスかノーかを確認しておけば、そのような二度手間は省けたはずです。イエスとノーの中間の選択肢、たとえば「調査終了後に、事故に関する調査・研究を目的とする者に対して開示する」といった選択肢があればなおよかったでしょう。ただし依然として政府事故調が収集した資料は非公開ですし、国会事故調については証言・資料ともに非公開です。

【注2】東日本大震災発生時の福島第一原子力発電所所長・吉田昌郎が政府事故調の調べに対して答えた「聴取結果書」。

**名和**　一言、口をはさみますと、公人に対する個人情報の保護と私人に対する個人情報の保護とは違う網がかけられるはずです。さらに公人に対する個人情報保護と国家秘密の保護とはべつのカテゴリーに入る仕掛けでしょう。また、個人情報の保護とプライバシーの保護とは、重なる部分もあれば、そうでない部分もあるかと思います。

もう一点、ちょっと話題がずれるかもしれませんが、合衆国でも、繰り返し研究者と政府とのあいだで情報公開に関する軋轢がありましたね。九〇年代でしたか、暗号研究をめぐって。クリッパー計画といいましたっけ。また九・一一のあとで、炭疽菌でしたっけ、バイオの研究をめぐり同じような議論が生じましたね。二〇〇二年のバイオ・テロ法により、特定の研究室へのアクセスが制限されました。影響を受ける施設が約一〇〇〇、研究者が約二万人と伝えられました。雑誌『サイエンス』に「二つの文化」という記事が載り、そのひとつは「セキュリティ文化」、もうひとつは「サイエンス・コミュニティの文化」と言っていたかと記憶しています。スノーの『二つの文化』【注3】のような牧歌的な話とは別です。

【注3】C・P・スノー著、松井巻之助訳『二つの文化と科学革命』（みすず書房、二〇一一年）

**吉岡**　そうですね。はい。「二つの文化」については情報公開に関する姿勢以外にも、政府事故調でいろいろ痛感させられました。事務局は法律屋が主導したのですが、たとえば事務局は「たられば論」を、仮定の議論として極端に嫌いました。しかし委員の中で科学的センスのある人々は「もしこう対処したら」「もしこうなっていれば」といった「思考実験」（物理屋にはおなじみの概念で、Gedankenexperiment［ゲダンケンエクスペリメント］と独語と英語のミックスで表現されることも多いです）を深めなければ、防災に関する教訓は得られないと主張したのですが、その多くは事務局から却下されました。

もう一つ興味があるのは、こういう国家の秘密とか権力者が隠したい情報、そういうものの流通におけるグーグルの役割についてです。グーグルに限らないですけれども、大量の情報がコンピュータ通信で流れるようになれば、秘匿情報はやっぱり流れやすくなりますかね。国家機密とか。グーグルが直接流すとは思いませんけれど。

**名和**　それはウィキリークスですか。

**吉岡**　ああ、そうそう。

**名和**　ウィキリークスは一つの模範ですね。その話は実はグーグルのCEOも触れていますね、かなり好意的に。ウィキリークスは技術的に見ても、充分安心して誰かが国家秘密を流せる仕組みになっている、と。こういうシステムは抑えられないだろう、とも。

**吉岡**　でも日本で、原発の安全性に関して情報公開を求めた場合には、出してくる場合でも黒塗り白抜き、大部分のページはそういうもので占められていたりするので、そういうのがうまく出てくるような技術的な、あるいは制度的な仕組みというのはないんでしょうかね。

**名和**　日本のウィキリークスはどうなのか。技術的な仕掛けであれば、あるいは秘かにそのような行動をしている篤志家がいるかもしれませんね。サイバー空間ではなんでもありですから。

**吉岡**　ウィキリークスでなぜそういう相当程度の情報が流れるようになっているかということを、やはり私などコンピュータの素人は知りたいわけです。

**名和**　それを書くと手の内を示すことになるのではないでしょうかね。ここがセキュリティの厄介なところです。ウィキリークスまでいかなくとも、インターネットそのものが、いまや、あれこれの形で権力者に対峙するためのツールになりましたね。

——たとえば、グーグルのCEOは——先ほど名和さんはニヒリストのような存在だとおっしゃいましたが——思想らしきものは何か窺えないのですか？

**名和**　ニヒリストっていうか、いやアナーキストっていうか、いかなる権力も信用しない、ということですかね。この本のタイトルは「第五の権力」とありますね。著者は「第五の権力」は「コネクティビティを持った個人」だと言っています。つけ加えますと、「第一」から「第三」までは立法、司法、行政、それから「第四」にメディア、とあります。

**吉岡**　中山茂さんは自身のことを、「鰯の頭でも、鰡の臍でも」何か目標を仮定し、それに賭けてみる、能動的ニヒリストだと言っていました。私は耳にたこができるくらい繰り返し聞かされました。グーグルのCEOの方は、学者とは異なり、社会に対して非常に侵略的な能動的ニヒリストではないですか。また「第五の権力」というのは、絵空事のようにみえる。「コネクティビティを持った個人」は、お聞きした限りでは、グーグルのCEOの方にとって人生経験に裏付けられた政治的信念にはみえない。また、仮想空間の拡大が全体として権力者への抑止効果を発揮しているとは言えないように思います。もちろんその機能は時代状況に大きく左右されるものでもありますが、弱きをくじき強きを助ける機能が勝っているように思います。

**名和**　「コネクティビティを持った個人」は、私の理解ではグーグルCEOの政治的信念ではなく、社会的な洞察のように見えます。もう一つ、グーグル問題の例を挙げて私の話を締めたいと思います。

著作権という権利がありますね。著作物が何かという定義は置いておきまして（一一一ページ「追記1」参照）、著作物はそれができた瞬間に、生まれながらにして著作権をもつ、という仕組みになっています。これはグローバルに通用する原則です。ですから、著作物を使いたい人は、その著作者の許諾を得てから使わなくてはいけない、と。「許諾が先、コピーが後」という仕組みになっているわけです。ところが、グーグルの検索エンジンは、まず、ありとあらゆるウェブを網羅的にコピーしてきて、それを一覧できる形に整理して出すわけでしょう。著作者に事前許可を求めていないわけですね。文章だろうが写真だろうが集めてきて見せる。そういうことがあるわけですね。

あげくの果てに出て来たのが、「グーグルブックス」です。世界の著名な大学図書館が持っている書物を全部コピーする、というプロジェクトですね。著作権のある書物も著作権のない書物も含めてコピーする。これに異議のあるものは「ノー」と言え。これがグーグルの言い分でした。「ノー」であればコピーしてもオープンにはしないよ、というのがグーグルの補足説明でした。いずれにしてもコピーはやるよ、と。だから、こちらは「コピーが先、許諾が後」という仕組みなのですね。つまり、グーグルは既存のグローバル・スタンダードをひっくり返したわけですよ。

そこで集団訴訟が合衆国で起きたわけですが、結局うやむやになって現在に至っています。ということで、グーグルが著作権法を書き換えたと言ってもよいのですね。少なくともサイバー空間における著作権法を書き換えた、と。

ところが日本では、昔ながらの論理でサイバー空間の著作権を抑え込もうとしています。とんでもない理屈を出してですね。「カラオケの法理」【注4】とかね（笑）。サイバー空間におけるコピーをダメだというためにね、非常に苦しい解釈を使うわけですね。だからチグハグのダブル・スタンダードになっている、と。ここでも一国二制度ですね。

【注4】酒場の店主が客に唄わせるためにカラオケ機器を置く行為は著作権侵害となる、という法理。これが通信カラオケ、放送の代行受信、ネットワーク上のファイル交換へと拡大された。

**吉岡**　私は、著作権や特許権の変質もさることながら、学問特有のルールとしての先取権（プライオリティ）かな、そういうものが電子情報時代においてどう変質しているのかという問題意識は強くあります。ものすごい影響があるんでしょうね。

**名和**　はい。たとえば、電子化により情報が過剰になりすぎたという問題があります。だが、読み手は人間ですから、読む作業に一日あたり最大二四時間しか割けない。とすれば、見落とされる論文も増えることになります。これを情報学の世界では「プロテウス現象」と呼んだりしています。プロテウスは変幻自在であるためにアクセスしにくい予言者でした。

**吉岡**　アイデアをネットに流すだけでそれが先取権を主張するための何らかの証拠になるとか……。

**名和**　はい。それは実験ノートの電子化などについて、その情報を法的証拠としてどのように認めるのか、ということに関係するでしょう。ここでは技術的には電子署名などが関係するかと思います。また、論旨がややそれますが、論文の信頼性については、そのデータをまず公開のデータベースに登録しておくとか。これらはいずれもセルフアーカイブスの問題とか、オープン・ジャーナルの問題とか、情報共有の技術・制度にかかわりがあるだろうと思っています。

――さて一段落しましたが、この章で何か補足することはありますか？　こんな論点も入れておきたいとか……。

**名和**　プライバシー保護の機能をあらかじめ技術に組み込んでおけ、という議論があります。技術主導型の方法論ですね。これを「プライバシー・バイ・デザイン」と言います。だが、どうでしょうか。じつは「プライバシー・バイ・デフォルト」になりかねませんね。

〔名和 追記〕

話が後先になりましたが、個人情報がほかの情報とどんな関係にあるのか、それを表に示しておきます。あくまで第一次近似的な理解です。

| | 物理的な存在様式 | |
|---|---|---|
| 制度的な束縛 | 公開 | 秘匿 |
| 公有 | 残余のすべて | 国家秘密 |
| 共有 | 学術情報<br>技術標準<br>オープンソース・ソフトウェア<br>SNS情報<br>同人誌（含むコミケ） | 個人情報の一部<br>（顧客リストなど） |
| 私有 | 知的財産としての情報 | プライバシー情報<br>企業秘密 |
| 禁止 | 児童ポルノ、マルウェアなど | |

表1　情報の在り方（例示的）

# Ⅲ　守れないものを守る

# 第5章　放射性物質の隔離管理——未来世代への負債

吉岡　斉

**吉岡**　原発などの核施設から出るゴミは、Nuclear Wastes（ニュークリア・ウエイスツ）というのです。各国に核廃棄物の処分の機構がありまして、そこでは核廃棄物と言われ、放射性廃棄物とは言われていません。結局どこが違うかというと、核エネルギー利用に伴って生じた放射性物質のうち廃棄物と考えられるものが核廃棄物だというふうに一般的には理解されています。単一の定義はないようです。それはもちろん原子核反応の生成物とは限りません。たとえばウラン残土なんていうのは自然界にあるものを分離したものですが、あれは核反応で生まれたものではない。ウランは大昔の地球を形づくる物質ができるときの超新星爆発に由来するものですが、原子炉でできたものではない、これも核廃棄物と呼ばれています。

その種類として、みんながこれは核廃棄物だよなと思う一連のものがあって、それには三種類あります。まず第一は、原子炉とか核施設で生成されたり、あるいは施設内にこびりついている放射性物質です。第二は、福島原発事故など核事故に由来する放射性物質です。不幸にして福島で大量の放射性物質が放出されてしまって、これについてはそれによる損害を賠償せよという申し立てや訴訟も多数の人たちから起こされているわけですが、飛び散った放射性物質は無主物であり、また損害賠償は無用だという判決が出ています。これは持ち主がいないから損害賠償は受けられない、ということを実質的に意味するような判決だとして強い批判を浴びました。放射性物質を放出したのは東電であることはわかりきっているのですが、出してしまえば東電の責任はないというような論理になっています。福島第一原発の周辺に、栃木県、茨城県、宮城県などの隣接する県に、さらには東日本全体にまで飛び散った放射性物質、これが核廃棄物に関する今の最大の問題であるわけです。

代表的な三種類目というのは言うまでもなく、いわゆるガラス固化体と言われるものです。ガラス固化体というのは、核燃料再処理をやって――再処理というのはご存じのように、使用済み核燃料を成分ごとに分離するということですが――プルトニウムとウランがそこから出てくるわけですけれど、この二つ以外のものは使い途がないので、濃縮をしてガラスと混ぜて固めてステンレス容器に入れる、これがガラス固化体なわけです。これがものすごく強い放射能を帯びていますので、これをどうしようかというのが、いわゆる日本での高レベル廃棄物の処分問題ということです。

原子炉など核施設の運転にともなって、いろんなものが出てきます。なにが廃棄物なのかというのは他の産業廃棄物や一般廃棄物と似たようなところがあって、ゴミ置場やゴミ屋敷でもこれは有価物だと言ってゴミじゃないんだと主張する工場とか、あるいは家とかありますが、核物質でも同じような事情があります。たとえば使用済み核燃料そのものがゴミじゃないかという見方もあるわけです。むしろそれは世界の大半の国の共通認識と言ってよいでしょう。核燃料を再処理しない場合には、当然それが最終的な廃棄物になるわけで、再処理をするかしないかの路線選択によってゴミになったりならなかったりするわけです。再処理コストは非常に高く、抽出されるプルトニウムやウランの価値よりも桁違いに高いので、使用済み核燃料が有価物であるとは到底言えない。

それとプルトニウムはゴミじゃないのか、という問題もあります。これは核爆弾の材料でもありますけれど、核兵器を作らない国が再処理をやってプルトニウムを出しちゃった場合に、これに価値があるのかどうかはきわめて疑わしい。いわゆるプルサーマルと言って、普通の原子炉のウラン燃料にプルトニウムを混ぜて燃やすことはできる。つまりプルトニウムは核燃料としても活用できますが、値段がべらぼうに高い。あるいは核不拡散という観点からも大変危険なので早く処分しろ、という意見も強い。とくに核不拡散に熱心なアメリカは、核兵器をもたない国が再処理の権利を主張することに対して強い拒否反応を示してきました。日本に対しては歴史的な経緯もあって再処理を許してきましたが、特別待遇でした。核不拡散を重視すべきだとすれば余分なプルトニウムは作らず、現存するものは処分せよ、という話になっています。そういう観点からみるとプルトニウムもゴミになるわけです。

あと、原発をやめるとすれば濃縮ウランもゴミになって、天然ウランは核エネルギー利用以外にはほとんど使い道がないのでもとよりゴミ。劣化ウランというのはウラン濃縮の結果として出てくるわけですけれど、これもゴミということで、ウランは全部ゴミになります。もっとも劣化ウラン弾という貫通力の強い砲弾の材料にはなりますが、放射能汚染の危険があるので国際世論から強い批判を浴びています。湾岸戦争やイラク戦争などでは大量に使われたと聞きます。

私たちは原子力市民委員会というのを二〇一三年四月に作りましたが、核エネルギー利用に関連する放射性物質については、すべてがゴミであるという観点からその隔離管理および処分について検討したわけです。私はわりと現実主義者で、濃縮ウランは商品になるんだから外国に売ればいいじゃないか、日本で原発でやらなくても他国が欲しがるだろうと言うんですが、他の人たちが、いやそうじゃない、と異論を言います。これを売れば他の国の原発を助けることになり国際的によくないから、日本で何とかゴミとして処分するべきだ、という議論です。日本に届いている分はともかく、外国企業と契約して届いていない濃縮ウランは所有権を放棄して日本に輸送しないということで片づくのですが。ですから、何がゴミで何がゴミでないかというのはなかなか面倒くさい問題があります。

核エネルギー利用では、こういう一連の放射性物質が生ずるわけですが、当初はそれはたいしたことはないと思われていました。それは当然でした。原子力開発は核兵器を作るために始められたものですので、いろんな放射性物質が生ずるというのは派生的な問題であって、そんなのは後から考えればいいということで、原爆を作るのが先決だったわけです。その後、核エネルギーを原子力発電に応用しようという、そういう流れが次第に太くなっていくわけですが、そのときにも深刻な問題だとは考えられなくて、後でやればいいや、という考えが支配的でした。とにかくウランを資源として活用するんだと、そちらの路線がもう先走ってしまった。たとえば日本で、原子力開発が始まるのが一九五五年ぐらいからですが、そのときも核廃棄物を将来どうしようかという議論はほとんどされなかったです。草創期のキーパーソンのひとりだった伏見康治さんなどがそのようなことを書いています。

しかし時代が経つにつれて認識が変わり、困難さが次第に浮き彫りになっていったということです。一つは技術的な面、もう一つは社会的な面での困難さ、と二つあるわけですが、技術的な困難さというのは結局、それを無毒化する技術がないということに尽きるわけで、半減期を何度も経て減っていくのを待つしかないという……。たとえば福島の場合、大量に環境中に出たのはセシウム137ですが、これが半減期三〇年ですから、時間が経てばなくなってくれます。たとえば三〇〇年経てば千分の一になるわけだけど、もっと早くなくすという方法はない。だから一カ所または何カ所かにまとめて隔離管理をするという、そういうかたちでしか手を打てないということですね。

核廃棄物の中でもとくに取り扱いが厄介なのは高レベル廃棄物と呼ばれるものです。使用済み核燃料の再処理を行った場合には、その工程で出てくる再処理廃液のガラス固化体がそれに該当します。また直接処分の場合には使用済み核燃料そのものが高レベル廃棄物となります。その取り扱いの難度を下げるために、放射性核種の分離変換という方法はあります。これは時代によっていろいろな言い方がされて、以前日本は〝群分離・消滅処理〟という大げさな名前がついていた。〝消滅処理〟なんてSF的な名前が当てられていましたけれど、これは高エネルギービームを放射性物質に当てて、長い寿命の核種を短い寿命のものに変換をするということで、寿命数百年以下のものに変換できれば理想的だと考えられていました。放っておくと、使用済み核燃料というのはウラン鉱山の放射能の強さと同じになるには一〇万年ぐらいかかるわけですが、分離変換技術を使って数百年以下にできないだろうかとか、そういうことが言われました。理論的にはそのとおりなんですが、それを効率的に経済的におこなう技術がないということで、全然実用化するメドが立っていない。

社会的に重要なのは受け入れ場所の問題で、どの地域も処分場は受け入れてくれない。原発施設は受け入れてくれるところがあるわけですが、処分場を作りたいというとみんなが拒否する。これは世界的傾向で、今、受け入れが決まっているのは世界でフィンランドだけです。オルキルオト原発のそばにオンカロという名前の研究施設があり、実用施設への転換が見込まれています。またスウェーデンはフォルスマルク原発のそばにある研究施設を実用的な処分施設に転換するという、そういうスケジュールで進んでいます。だからフィンランドと、次にはスウェーデンだろうといわれていますが、決まっているのはこの二カ国だけであって、他の国では受け入れてもらうことがきわめて困難です。

日本も例外ではありません。また福島の事故由来廃棄物の問題についても同じような問題があって、福島事故で舞い降りて降り積もった放射能をどうするかということで、処分したいわけですが、処分先が見つかっていない。三〇年後に外に運び出すから一時的に福島第一原発の近傍に中間貯蔵施設というかたちで置いてくれという法律は通ったわけです。そして三〇年間で三〇〇〇億円の交付金を出すから受け入れてくれという政府の要求に対して、福島県は受け入れの方向で検討する姿勢を示し、大熊町と双葉町で工事が始まりました。ちなみに建設費として約二兆円が見込まれています。まだ乗り越えるべきハードルは多いのですが、三〇年間の貯蔵場所は何とか確保できそうな状況となった。お金で人心を買うという品のない方法ですが、その期間が過ぎたらどこに持っていくかは全然見通しが立っていないで、おそらくどこも福島事故由来廃棄物の最終処分場は置けないだろうということが確実視されているわけです。また中間貯蔵施設というのは名前だけで、通常のゴミ処分場のような設計で、再移動が容易な施設になっていません。

ですから、社会的な立地受け入れというのは、技術的な困難に輪をかけてむずかしく、これをいったいどうするかの道筋を考える必要があり、これは脱原発の立場の人々も解決しなければいけない。かりに脱原発を決めて、これから追加で核廃棄物を作らないような状態が実現したとしても、すでに出た分については何らかのかたちで安全な隔離管理をやらなければならない。できれば処分したい。

処分と隔離管理とはどこが違うのかというと、埋めたあと放っておいてもいいというのが処分です。いったん埋めてしまってあとは忘れるというのが処分。隔離管理というのは、たとえば埋めたりはするのだけれど、常にモニタリングをしていて、何かそこで放射能が漏れたら回収して損傷部を塞いでまた戻すとか、そういった回収可能性というか retrievable（リトゥリーヴァブル）な状態に置いておくというものです。この方向で、どうやら世界では動きそうなわけで、完全に埋めてしまうという処分は、世界のどこでも受け入れられないような状態にあるわけです。隔離管理しかできないというのが大方の人々の考えていることです。

しかし、電力会社にしてみれば、そんな隔離管理をやっていると、いつ放射能漏洩事故が起こって追加費用が発生するかもしれない。また施設の維持管理費も馬鹿にならない。そういうようなことは困るので、お金を払って決まった額で埋めちゃって忘れちゃいたい、それもできるだけ早く、というのが電力会社の希望です。そのような見解の違いが、電力会社と一般市民の間で大きいわけですが、何とかしなくちゃいかんという認識は共通しているわけです。

これでいったん切りますが、何かないですか。

**名和**　同じ物理的な存在でありながら、人間側の思惑で私有財産になったり無主物になったり、あるいは、輸出可能な商品になったり、万人から拒まれるゴミになったり、とんでもないものを人間は作ってしまったということですね。それにしても人間の作る制度というものも、いい加減なものですね。

**吉岡**　福島事故前は、高レベル廃棄物処分ができないということが、原子力発電最大の難点だと言う論者が多かったわけです。日本では一〇万年も安定な地層なんてありえないというのがその理由です。もちろん一〇万年以上安定していた場所は色々あるわけですが、それは結果論であって、処分場に決定した場所の安定性は保証されていません。高レベル廃棄物処分については昔からいろいろな方法が提案されてきて、極論は、宇宙ロケットで核廃棄物を宇宙へ放り出してしまう、というのがありました。しかし宇宙ロケットは必ず何パーセントかの確率で落ちるわけですから、そんなのは現実的ではないと否定されました。ほかに、南極の氷に閉じ込めるとか、いろんな空想的アイデアが出されたわけですが、結局は地層処分というのが唯一現実的だという流れになっています。

地層処分というのは、地下五〇〇メートルくらいのところまで穴を掘って、その深さの地中に広いグラウンドみたいなものを作ります。たとえば長さ二キロ×三キロ、面積では六平方キロメートル、というのがひとつの目安です。この広さなら使用済み核燃料三万トンを再処理して得られるガラス固化体を埋めることができる。福島事故前の日本の使用済み核燃料の発生量は毎年一〇〇〇トン程度でしたので、三〇年分ということになります。広大な地下運動場を作って、そこにガラス固化体のような高レベル廃棄物を竪穴式に埋めていく。ガラス固化体のサイズは高さ一・三メートル、直径四〇センチ程度で、ドラム缶をスリムにしたような円柱形をしています。一五〇リットルの高レベル廃棄物が入ります。これを地下のグラウンドに相互に一定の距離を置いて、地下運動場の地面に対して垂直に埋めていく。これが全部埋まれば、もうひとつ地下運動場を建設しなければなりません。直接処分の場合は使用済み核燃料キャスクを高レベル廃棄物としてガラス固化体と同様の方式で埋めることになります。しかし、その高レベル廃棄物の処分場がなかなか見つからない。それは生活環境から放射能を一〇万年も隔離できる保証がないから、周辺住民が反対してきたわけです。二〇〇七年に高知県東洋町の田嶋裕起町長が議会や住民の意見も聞かずに独断で処分地への立候補を表明しましたが、ほどなくリコール運動で辞任し、再起をかけた町長選挙でもトリプルスコアで敗れました。

一〇万年というのは、ガラス固化体の容器はステンレス製ですが、必ず破れます。で、破れたら厚さ二〇センチほどの炭素鋼で周りを覆っているわけですが、それも突き抜けます。それの周りに粘土層があるのですが、それも突き抜けます。そうなっても地下の岩盤が遮るわけですが、岩盤も割れたところから放射能の浸透が進んでいって、最後に地下水に接触をして地表付近のいろんなところに出てくるという可能性がある。そうならないで一〇万年もつような地層なんてないんじゃないだろうかと言われてきました。もっと短期間で放射能の多重バリアは破れるかもしれないという論者もいます。まあその議論はよくわかるのだけれども、原発と比べると、そういう核廃棄物の最終処分場の危険というのは、原発過酷事故よりはまだましなんじゃないか。私は前から、原子力利用の一番の安全上の問題は過酷事故であると言い続けてきたわけです。でも世の中の大勢は過酷事故が起きないと思っていたから、高レベル廃棄物の問題こそが最大の障害だと言う人々が多かった。私がそれに乗ってたとしたら福島事故で大恥をかいたところなんですけれど、かかずに済みました。

私と同じように考えてきた人のひとりに、東芝出身の技術者である後藤政志さんがいます。僕もそうだった、と。「廃棄物が最大の問題なんでしょ?」と問い詰められても「イヤ違う、過酷事故だ」と彼は言い続けてきて、実際それが不幸にも現実化してしまった。仮に高レベル処分場のどこかに穴が空けば、汚染水が地上に出てくるかも知れませんけれど、何千年か後のことでしょう。何百年というのもあり得ると思いますが、出て来ても致死量にはならないと思います。それに比べれば過酷事故というのは、最悪の状況では急性放射線障害や他の原因で人がたくさん死にますので、リスクの度合いはやっぱり違うと思っておりました。

それでも、原発を受け入れる地域があるのに、なぜ高レベル廃棄物処分場を受け入れる地域がないんだろうというのは、私にとっては若干、理屈の通らないところです。原発の方がはるかに危険なわけですよ、今言ったように。危険な原発という施設をあえて受け入れて、より危険度の低い高レベル廃棄物処分場を引き受けないのは何によるんだろうということを、何人かの人に聞いてみたんです。

たとえば、環境社会学者で、六ヶ所村に研究目的で足繁く通っていた舩橋晴俊さん——原子力市民委員会の初代座長でもありましたけれど、二〇一四年八月にクモ膜下出血で急逝されました——彼は核燃料サイクル施設が主な研究フィールドですから、処分場問題に人一倍関心があって、高レベル廃棄物処分では、日本学術会議でいろんな提言や回答を出すことを主導してきた人です。彼の見解は、生産性がまったくないからであろう、というものです。ゴミ捨て場というのはいかにも生産性がなくて、それが嫌われているんだろう、というふうな答え方をしたんですが、それでも今一つ納得できない。完成してしまえば人も来なくてお金も落ちず、巨額の迷惑料のみが支払われ続けるわけですが、何で高レベル廃棄物処分場というのはこんなに嫌われるのだろうかという思いが今もあります。これは日本だけではなく世界的な話です。

**名和**　私の知人ですが、その人は巨大企業の幹部でしたが、その人から福島事故の前に聞いた話があります。富士山の中腹に巨大ランチャーを建設し、超伝導コイルで駆動してロケットを打ち上げる、それに核廃棄物を搭載する、と。聞いたときには、宇宙条約があるだろう、と聞き流していたのですが、一つの解ではあるわけですね。それにしても、これが技術者の好きな「ブレイクスルー」の具体例、ということになりますかね。

そういえば若い頃に、トニー・リチャードソンという人が作った映画を見たことがあります。退役した軍用ロケットのアトラスを使って宇宙に死体を捨てる、地上には墓地を作る余地がなくなったので、という作品でした。たいへんな先見性だったわけですね。そうだ、タイトルを想い出しました。たしか『ザ・ラブド・ワン』でした。

**吉岡**　アトラスはアメリカ最初の長距離核弾頭ミサイルで、初期の人工衛星打上用ロケットでもありましたが、打ち上げ失敗が多かったのではありませんか。頭上に高レベル廃棄物が大量に落下してくるのは怖いですね。巨大ランチャーというのはレールガン（Railgun）のことですよね。アメリカのレーガン大統領時代の一九八三年にＳＤＩ計画、いわゆるスターウォーズ計画の一環として開発が進められたと記憶しておりますが、いつのまにか消えてしまいました。ＳＤＩ計画そのものも、あまりに誇大妄想的だったためか中止され、遅いミサイルを一発ずつ迎撃ミサイルで墜とすミサイル防衛計画へと切り換えられてしまいました。それが兵器として実用的なものなのかどうかは、きわめて疑わしいと思います。ときどきミサイル破壊実験が成功したとの記事が発表されますが、それは標的となるミサイルの軌道をあらかじめインプットし、軌道上の近くで待ち構えるアメリカ軍部隊が迎撃を行うという、迎撃ミサイルとのランデブー実験のようなものであって、予告なしに多数のミサイルが飛んでくる状況下で有効とはとても思えません。核戦争はめったに起きないのだから、不確実な兵器でも「張り子の虎」として相手を威嚇する効果があればよいのだと言われれば、そのとおりかも知れませんが。

**名和**　ソ連の原子炉衛星がカナダに落下するという事故もありましたね。

**吉岡**　一九七八年にカナダ西部に落下したコスモス954号ですね。あれには恐い思いをしました。無人地帯に落ちたので人的被害はなかったとのことですが、かなりの環境汚染が発生したと聞きます。話を戻しますと、どこに核のゴミ捨て場を持っていくかという点についても、関係者の間でいろいろ議論がされています。たとえば学術会議は負担の公平化という原則を強調しています。原子力利用とあまり関係のない過疎地域に、札束で迷惑施設を受け入れさせるのはアンフェアだということですね。

やはり、発生源に置くということが一番基本だと思うんですね。つまりすべての原発の敷地内にそこで発生した分を置くというのが基本だと思うんですよ。ただ全国で一カ所あるいは二、三カ所にそういうゴミをまとめるというのもそれなりの合理性があると思います。その方が隔離管理が楽になります。とりあえずは原発サイトに置いて、さらに、より集中型の施設を、いくつかの地域に限って作るという、これが一番普通だと思うんです。

もう一つのアイデアとして、発生者の責任を言うにしても、原発とごみ捨て場をセットで作るというのは、やっぱり地元の負担が重すぎて、公平性に反するという議論があります。それは電力会社の本社所在地にゴミ処分場を作るべきだというアイデアで、東京電力が原発で電気を作っているのなら、処分場も原発サイトよりも東京都に作れというような、それがより公平なんだという考え方もあります。これも一理あるとは思うんですね。

で、もう一つ。私は賛成はしないのですけれど、電気の消費者が利益を受けてきたんだと、原発の電気によって。だから電力の大消費地に作れというふうな議論もあります。私はそれは合理性はないと思っています。別に消費地の人々は原発を認めてきたわけではない。つまり火力発電でも何でもよかった。原発を選んだのは電力会社だから、消費者が選んだわけじゃないし、電力会社が選ぶ必要もなかった。火力をやや多めに建設すれば電力需要は十分まかなえた。電力会社が政府と組んで国策民営方式で勝手に原発を作ってきただけで、もともとなくてもよかった。自由主義経済の原則に照らすなら、原発はインフラ部分に要するコストも考慮すると経済的に有利でない上に、核燃料サイクル事業により巨額のコストオーバーランを起こす危険性もある。大きな事故を起こせば経営破綻に直結する。政府の手厚い保護・支援がなければ電力会社は決して原発を選択せず、もともと原発は建たなかったはずだ。だから電力消費者も国策や国策協力する電力会社の被害者であり、それなのになぜ核のゴミを引き受けなきゃいかんのか、という議論があって、私も正論だと思っています。被害の最たるものは、福島事故の処理コストなど無用だったはずの巨額の国民負担を、将来世代にわたり支払わされることです。ただし大都市の人々がみずから消費する電力の作られ方について無関心だったことは反省しなくてはなりません。生産地において人々の大きな負担や、場合によっては犠牲をともないながら作られた商品を、消費者が漫然と消費することはよろしくないと思います。

いずれにしても核廃棄物はどこかに置かなきゃならない。隔離管理するにしても、隔離管理の場所を中間貯蔵施設などの名前でどこかに決めなきゃいかん。それをどう決めるかに関して誰も名案を出せずにいるというのが現状です。福島事故で発生した事故由来廃棄物ですら……ですらというか、あれが一番量が多くてしかも大半は露天に放置されているので最も大変なんだけれども、しっかり隔離管理できる目処はたっていない。こちらの問題の方が、高レベル廃棄物処分よりもはるかに緊急度が高く、政策上の優先順位が高いと思います。高レベル廃棄物は一応しっかり隔離管理されていますので数十年先送りしてもさほど問題はない。

さらに福島事故由来廃棄物で現在問題になっているのが、福島県以外の各都道府県に降り積もった放射能を、各都道府県で集約をしてそれぞれの県ごとに一カ所ずつ中間貯蔵施設を作れというような、そういう動きを政府はしています。それに対して各県は拒否できないでいますが、候補地となった市町村では強い反対が起きています。たとえば栃木県の塩屋町とかは、なぜうちに貯蔵施設を作らなきゃいかんのか、発生地である福島県で貯蔵すればいいじゃないかということで、反対運動も激しいようです。だからどこの場所に作るのかということで、膠着状態が解消される気配はない。難題ですね。

**名和**　議論がしにくい、むずかしい話ですね。いま、伺った以上に付け加える知識を、私が持っているわけではありません。いずれにしてもすぐには解決できないですよね。ある方式を決めたとしても、それを何百年とか何千年とか、超長期にわたって引き継いでいかなければならない。誰かがやらなければならないわけですね。その誰かは、非常につまらない仕事をやらなくてはいけないわけですね。……生き甲斐がある仕事とはとても言えない、ですよね。未来世代にそういう仕事を残してしまったということが、同世代人として悔やまれてなりません。情緒的な言い方ではあるのですが。

文脈は違いますが、寺田寅彦は、巨大災害であっても一般人にとっては同一世代内での記憶がせいぜいだろう、と言っていたかと覚えています。だが、寅彦の見通しを大幅に改めなければならないことを私たちの世代はやらかしてしまった。とにかくゴミ処理は続けていかなければいけない。それも一〇万年とはいわなくても、だいたい一〇〇年で三世代、一〇〇〇年で三〇世代、一万年で三〇〇世代ですか。三〇〇世代はそういうことに耐えなくてはいけない。

だが、近未来には技術進歩があるはずだから、それに応じて考え直せばよい、と。それまではとりあえずこうしましょうという話があるわけですね。ただし、それにはたいへんなコストがかかるわけですね。たしか学術会議もうそうでしたっけ？

**吉岡**　学術会議の高レベル廃棄物の処分に関する検討委員会というのは、社会学者と工学者が相乗りした委員会で、その勧告は非常に曖昧なところがあります。

第一の勧告では、とりあえずは暫定的に保管すべきと言っています。中間貯蔵ですよね。学術会議の表現では暫定保管という言葉を使っていますが、原子力屋の用語では中間貯蔵。両者のニュアンスは微妙に違います。

その上で第二の勧告は総量管理。これが非常に曖昧で、学術会議の第一部は社会学者など社会・人文系の人たちが中心で、脱原発派が大半なんです。第三部の工学者は、原発維持派が中心で、両者が協議すると、概念自体が二重性を帯びてきます。中間貯蔵について両者はおおむね一致するのだけれども、総量管理というのは、社会学者の意味ではもう廃棄物を増やさない、そのためには原発を動かさない、あるいは動かすにしても制限して廃棄物の量を確定する、という意味になります。工学者の意味では、原発は止めるにせよ動かすにせよ、その計画は政府が別途定める。その計画で出てくる放射性物質を把握し管理すればいいんだ、という意味になります。だから全然意味が違うんだけれど、総量管理という言葉では一致している。

それと第三の勧告は、多段階の意思決定です。そこで重視されるのが負担の公平性ですね。これが三原則です。しかし負担の公平性って、先ほど述べたようにあまり何も言っていないような、具体的な指針とはならないような原則です。つまり札束で特定の地域に集中して押しつけるというのはなしにしましょうという、それくらいの含蓄しかないんです。ですから学術会議の報告というのは当たり前の原則を再確認しただけで、役に立たないというふうな批評をする人もいますね。

**名和**　少なくとも現代よりは未来の方が、科学技術が進歩するという信念が一つありますね、そこには。それはどうなのかな、と私には疑問があります。これはスペキュレーション（推測）の話ですね。かりに技術進歩があったとしても、それを実現しうる経済力を未来世代が持つことができるかどうか。日本は人口が減るので――人口は統計的に確実に未来予測できますから――それが言われている以上、未来世代の日本がゴミ処理について、どこまで力を割くことができるでしょうか、不安です。それは資金でもあるし、そこに割ける人材でもあります。とくに人材については、くり返しますが、誰でもよいわけではない。ゴミ処理を天職と感ずる、そういう人を作らなければいけないわけですね。それはできるのでしょうか。

私は『新通史』（『新通史日本の科学技術』原書房、二〇一二年）の拙論、別巻第三章「重要インフラの防護」にも紹介したことですが、それをもう一度繰り返したいと思います。それは、記号論研究者のシービオク（Thomas A. Sebeok）が合衆国の原子力委員会から投げられた質問に対する回答です。その質問とは、一万年後にまで「ここに核廃棄物あり」という信号をどうやったら残せるのか、というものです。

かれの回答は、とにかくあらゆる記号で廃棄物の存在を記録し、それを残せ、と。神話的な記号でも言語的な記号でも非言語的な記号でも、と。自然言語でも人工言語でも、と。それから、一万年先を考えてもダメだから、とりあえず三世代先までの伝達を想定し、それをリレー式につないでおくような方式を考えろ、と言っています。あとの三世代先ぐらいまでリレーっていうのは、プラクティカルな考え方ですね。

**吉岡**　技術による解決というのは、私はできないと思っています。技術は万能ではなく、情報を操作する技術に比べて、物質を操作する技術、とりわけ大きく重い物質を操作する技術は、発展速度がはるかに遅いと思います。日本の経済力が将来にわたって豊かであり続けるとも思いません。歴史的にはソ連の国家体制崩壊と重なる形で経済崩壊が起きました。その余波は核開発にも及び、老朽化した原子力潜水艦が港にまとめて放置されるといったことも起きました。潤沢な資金がなければ核廃棄物の処理・処分はきわめて困難になります。日本の原子力開発がソ連と同じ轍を踏む危険性は無視できないと思います。もちろん人材確保も困難となるでしょう。日本が「経済大国」でなくなれば、優秀な人材は海外へ頭脳流出するかもしれません。残った人材も後始末的な仕事を好まないかもしれません。

核燃料再処理路線を維持しようというのが今の現政権の原子力政策の基本ラインで、民主党政権のときに一時変える方向にちょっと動きかけたんですけど、安倍政権になってからは元の路線に戻ってしまいました。つまり今まで半世紀続けてきた再処理をできる限り続けるという、そういう路線に戻りました。で、再処理の目的について政府は、核燃料資源の有効利用であると言ってきましたが、二割程度の核燃料を節約するために、巨額の追加費用を投入して再処理を行うのは合理的ではありません。核燃料を二割節約する方法は他にもあります。たとえばウラン濃縮で出てくる劣化ウランの廃棄濃度をできるだけ下げて、天然ウランからできる限り核分裂性のウラン235を搾り取るといった方法があります。もっと簡単な方法はウランの購入量を増やすことです。これらの方法のほうがはるかに安価です。それでも日本政府が再処理に固執するのは、核兵器製造に必要なすべての主要な核技術を保持し続けるという、どうもそれが主な目的で、それは原爆を作る技術の一番基本が再処理であるということもあるんです。

話を高レベル廃棄物処分に戻しますと、再処理によってその困難さを若干緩和することはできます。先ほど述べた消滅処理の活用です。技術進歩によって高レベル廃棄物処分の困難を克服するのだと原子力関係者は主張しますが、その頼みの綱となるのが消滅処理です。使用済み核燃料のままでは、ビームを当ててもどうにもなりません。だから成分を細かく分離して、寿命の長いものだけを抜き出して、そこにビームを浴びせれば寿命の短いものに変わるであろう、ということです。それを行うには今以上に細かい再処理を行うというのが前提になるんですね。ところが再処理はプルトニウムを出す工程ですから、核不拡散上のニュアンスが非常に強くて、国際的にも警戒の対象になりやすい。でもそれ以上に重要なのはお金の問題で、きちんと一〇〇パーセントの稼働率で再処理をやったとしても、直接処分という使用済み核燃料をそのまま地中深くに埋めるのに比べて、同じ量の核物質を処分するために二〜三倍ぐらいのコストがかかってくる。

二〇〇四年に――だいぶ昔の話ですけれど――「一九兆円の請求書」という怪文書を経産官僚が出して、話題になりました。再処理をやめさせようという人々が経産官僚の中にもいまして、その人々が政治家や高級官僚に情報を流して政策の再考を求めた事件がありました。それは残念ながら空振りに終わったのですけれど。しかし三万二〇〇〇トンの使用済み核燃料を最終処分するためのいわゆる核燃料サイクル・バックエンドコストが一九兆円に達するという数字は、原子力委員会が出したものです。もし再処理工場が故障ばかりしていたら、その三倍くらいは簡単にかかってしまうでしょう。五〇兆円になるかもしれません。だから六ヶ所再処理工場の試運転を凍結しましょう、と「一九兆円の請求書」は言ったわけです。私たちがそういう主張をしていたのを、再処理反対の官僚が拝借してくれたわけです。技術進歩によって解決すると言っている人は、本音は再処理をやりたいから、そう言っているように思います。

**名和**　繰り返しになりますが、私が申し上げていることは新技術の開発ではなく、現在のゴミのデータとゴミの管理を未来に伝達することです。一万年のあいだには、革命もあり、戦争もあり、民族移動もあるだろう、ということです。この間、ある決定を継承していかなければならない。かりにその決定を変更する場合には、その変更を記録したうえで、そのさらなる継承を続けていかなければならない。それには頑健な情報システムの超長期的な運用が不可欠になります。つまり、どんな方法を取るにせよ、そういう情報システムを運用していくのは、たいへん困難、と私は思いますね。

話が矮小化してしまうのですけれども、年金システムがその一例です。私は一九八〇年代の後半でしたか、政府税調（税制調査会）の下働きで、納税者番号制度の概念設計をしたことがあり、そのときの課題の一つとして、番号をどの既存ファイルからコピーしたらよいかを検討したことがあります。大蔵省の発想は年金番号をコピーしたらどうかというものでした。だが、当時の年金システムは複数存在し、一人の年金納入者がそれらのシステムを渡り歩くこともあり、その場合、その人のデータの名寄せは六〇歳になるまでなされませんでした。六〇歳になって初めて納入者のデータが一つのファイルに集められる。つまり任意の一人にとってみれば、何十年か経ってみないと、その人の本当のデータは分からない仕組みになっていました。だから、途中、何十年間の記録のなかにエラーがあったとしても、だれもそれをチェックできない仕組みになっていました。つまり、長期にわたる情報システムは上手に設計・運用しておかないと、とんでもないことが起こるのですね。で、私は当時これはダメだと報告したのですがね。それにしても、後年、あれほどの大騒ぎになるとは、当時、思いもしませんでした。ゴミ処理の世界でも、そういうことまで充分に考えて、情報伝達の信頼性を充分に考えたシステム設計をしなければならない、この点がたいへん心配です。

**吉岡**　おっしゃるとおりと思います。高レベル廃棄物処分に責任を持つのは、NUMO（ニューモ）という組織です。正式日本名は原子力発電環境整備機構というわけのわからない名前ですが、NUMOという英語名はきちんと意味が伝わる（NUMO = Nuclear Waste Management Organization of Japan）。NUMOは法律で作られた政府系機関です。政府系機関が責任を持ち、そこが処分場を作るということですから、経営というセンスは全然ありません。財源は電気料金から売電量に応じた金額を自動徴収するわけです。NUMOはまだ処分場の建設候補地さえ決まらずトンネルを掘っていないからお金はあるわけですが、将来事業を始めるとあっという間にお金がなくなっていく。なくなったら政府の補てんということになって、結局、成功しても失敗してもいいという、誰も責任を問われないようなシステム……まあもともと一〇〇年単位でやる事業に誰も責任を取らないのは当然で、三世代後、四世代後の人が責任を取って不足額を支払う。おそらくは名和さんが危惧されていたように、資金が尽きて放置されるという可能性が大だと思います……。

# 第6章　知的財産権――アンチコモンズの悲劇

名和小太郎

**名和**　守れないものを守る、そのテーマの二つ目として、今回は「知的財産権」をとりあげます。逐条解説的な議論などは、私にその素養もありませんので、ここでは物理屋の眼で見た知的財産権の不可思議さを率直に議論してみたい、と思います。物理屋はどんな領域にでも面白がって首を突っ込みます。その辺が禁忌の親衛隊である法律家諸氏とは違うかなとは思いますが。

合衆国第三代大統領のトマス・ジェファーソン（Thomas Jefferson）は、じつは発明家でもありましたが、そのジェファーソンの有名な言葉があります。まず、それを紹介します。「個人はアイデアを彼が隠しているかぎり排他的に所有できるが、それはいったん公表されてしまうと、その瞬間に万人が所有することになってしまう」。さらに続けています。「誰でも私のアイデアを損じることなく、私からそのアイデアを受け取ることができる。ちょうど、私のロウソクから自分のロウソクに火を灯した人が、私の手元を暗くすることなく、灯りを受け取れるように」。この言葉には異論は出せませんね。これは自然現象そのものです。自然現象には逆らえませんね。

だが、この自然現象に真っ向から待ったをかけたのが知的財産制度です。つまり、知的財産制度には物理的には無理なことを、社会全体に人為的に強いるシステムということになります。そのシステムの名前を〝特許制度〟といいます。さらに、このアイデアを「表現」に置き換えたシステムを〝著作権制度〟と呼びます。で、アイデアと表現とはどんな関係にあるのか。ここに文章があるとしましょう。その文章が伝える意味、あるいは内容がアイデア、その文章の書きぶり、あるいはレトリックが表現ということになります。「情報」には「情報内容」と「情報表現」の二面性があると言いますが、この言い方を借りれば、情報内容に所有を認める仕組みが特許権、情報表現の所有をよしと見なす仕掛けが著作権ということになります。

アイデアにせよ表現にせよ、それを私有しておきたければ、それを発表してはいけないわけですね。で、確実に私有しておきたい人は発表しないで黙っている、と。国家秘密もそうですね。企業秘密もあります。それからプライバシーもありますね。こういうものは発表しないわけですよ。とすれば、情報を発表して、しかもこれは私のものだよ、というのはフィクションですね。それを制度的にバックアップしようというのが知的財産権制度なのですね。

で、話を戻します。自然現象としては不可能なことをどのようにして可能にするのか。それは、「こういうことをやってはいけないよ」という人為的なルールを設け、それで人間社会を縛るわけですね。無形でも財産だから盗んではいけないよ、とか、誰かが先走って発表しようとしたら差し止めができるよ、とか、そういう人間側の都合で自然現象に反するルールを作る。

知的財産権にはいろいろな型があります。そのなかで、反自然現象的であるにもかかわらず、これまで安定的に長続きしてきた権利がありまして、これが特許権と著作権なのですね。[名和 追記1] で、特許と著作権はなぜ長生きしているのかということですが、それをお話しするとあれこれの問題点が見えてくる、と思います。

**[名和 追記1]**

著作権と特許権の特性を表1として紹介しておきます。

| | | 著作権 | 特許権 |
|---|---|---|---|
| 本来の理念 | | 文化の発展 | 産業の振興 |
| なにを保護 | 対　象 | 表　現 | アイデア |
| | 「対象」の例外 | 事実、短い表現など | 自然法則、自然現象など |
| | なにを禁止 | すべての複製 | 特定の利用 |
| | 「禁止」の例外 | 私的複製、報道目的の複製など | 医療、研究など |
| 実　体 | | 財産権＆人格権 | 財産権 |

| | | | |
|---|---|---|---|
| どんな権利 | 有効期間 | 創作者の死後五〇年<br>あるいは発表後七〇年 | 出願後二〇年 |
| | 付与の手続き | なし（＝すべてに付与） | 出願＆審査 |
| | 評価の視点 | 創作性（＝複製ではない） | 先取性＆有用性＆非自明性 |
| | 排他性 | 弱い | 強い |
| | 越境性 | あり | なし |
| 権利の灰色領域（例示的） | | パロディ<br>三次元プリンターの出力 | アルゴリズム<br>遺伝子操作 |

**表1　著作権 対 特許権（第1次近似）**

特許権と著作権というのは、両方とも情報を私有化しようとする権利ですね。昔は両方ともまぜこぜになっていまして、ベニスが盛んだった頃から、都市国家の政府がそういう特別な権利を発行しています。ちょっと余談になりますが、第一期の『通史』の協力者になってくれた富田徹男さん（当時、特許庁）が詳しいのですね。彼はベックマン（Johann Beckmann）という人の『西洋事物起源』という浩瀚な本を翻訳しています。一八世紀に書かれた本です【注1】。それを見ると二つに分かれるのですね。なぜ政府が特許という仕組みを作ったのかという理由が。一つは国内のギルド対策ですね、新しい試みをギルドががんばっているからできない。で、旧体制のギルドを壊すために新しい特権を作る、と。もう一つは技術導入ですね。発展途上国が先進国からノウハウを取ってくる。そのために特許という権利を与えて海外の職人を呼び込む。そのなかには出版の権利も含まれる、と。出版の権利はやがて著作権に分化します。これが原型で、その後しだいに整備され、それが洗練されて今日に至っている、と考えていいと思います。

【注1】ヨハン・ベックマン（特許庁内技術研究会訳）『西洋事物起源』ダイヤモンド社（一九八〇年）

だから、あくまでも人工的にバーチャルに作られた権利なのですね。それがより徹底しているのはどちらかというと、著作権です。この点、著作権のほうが知的財産権制度が擬制であると主張したい私にとってよいモデルになりますので、まず、それからお話しします。

著作権は、著作者自身の意思にかかわらず、著作物を発行した瞬間に本人に自動的に与えられるものです、制度的に。本人が欲しくないと拒絶することはできません。たとえば、先ほど頂いた今日の対談用メモにしても、吉岡さんが権利を欲しくないといっても、すでに著作権が貼りついているわけですね。なんらの出願手順がなくても自動的に所得できる方式になっていますので「無方式主義」と言います。これが著作権の本質になるわけです。ただし例外もあります。「ありふれた表現」や「短いフレーズ」には著作権はありません。そこに創作性が認められないからです。

この無方式主義が二〇世紀の終わりあたりから通用しなくなった、これが実態ですね。どういうことかというと、著作物が電子化されてきました。たとえばグーグルを見てください（第4章）。どんなテーマを検索しても、一万件を軽く超える資料を見つけることができます。それをコピー&ペーストすれば新しい著作物を作ることができる。これは、グーグルの行為を含め、多くの場合には著作権侵害ですが、コピー&ペーストする方もされる方もその意識はない。

しかも、正統派の国――日本は正統派ですが――の権利ですと、人格権が貼りついています。すでに著作者の許可を得ていたとしても、それから作ったパロディ作品がもとの著者の意に添わなければ、著者の人格を傷つけたということになるかもしれない、と。だが、万人がコピー&ペーストする時代には、この建前が崩れてきたということですね。

まず、グーグルが、その検索エンジンがあります。無断でインターネット空間上にある著作物をコピーして回り、その結果をデータベース化し、そこからユーザーの求めに応じて、そのタイトルと要旨を出力する……これは著作権制度の原点に立てば著作権侵害になるわけですね、グーグルが。著作者にいちいち許可を得たうえで検索エンジンでコピーしなくてはいけないわけですが、それをやらない。で、先に集めてしまうわけですね。本来は許諾が先、コピーが後、という原則があるわけですが、これが崩れたわけです。

話題を移します。著作権という権利は超長期に保護されまして、本人が死んでから五〇年、あるいは著作物が発行されてから七〇年間というように、つまり本人が死んだ後にも権利が続くのですね。著作権法は著作者が黙っていても死後五〇年間は権利を守ってくれるわけです。絶版になっても権利がある、と。だが、その絶版の著作物を篤志の本屋さんが改めて出版したいというときに、もしその著者が無名に近い方だったら、生死が分からない、当然、死後五〇年経っているかどうかが分からない、さらにその著者の権利をだれが継いでいるかも分からない。その探索にはたいへんなコストがかかるわけですね。法律的には便宜を図るルートもできてはいるのですけれども、とにかくコストがかかる。このような著作物は眠ったまま保存されることになるわけですね。それを「孤児の著作物」(orphan works) と言います。それがどんどん増えてきて、合衆国でも議会で議論になっています。日本でも議論する人が出てきました。とにかく、死後五〇年のうちには、社会の好みや課題も動くはずです。発表時点では無視された著作でも、あるいは光を浴びる機会があるかもしれない。それを著作権という壁で阻んではならないと思います。私は一九八〇年代からほぼ二〇年間、著作権審議会の末席にいて、いま言ったような素人的な発言をくりかえしていました。だが、この時代は会議の公開もなく、議事録も要旨しか残しませんでした。私としてはちょっと悔しい。

「コモンズの悲劇」という言葉があります。共有地は立ち入り自由なので荒らされてしまうという話ですね。それは全ての人びとはそこにある資源を使う権利をもつが、他人がそれを阻む権利を持たない、ということを指します。結果として、人びとがその資源を過剰に使用するので、その資源が枯渇してしまう、ということです。

だが二〇世紀末、「アンチコモンズの悲劇」という言葉が生まれました。それは、すべての人びとは他人がその資源を使うことを阻むことができるので、だれもそれを使うことができない、ということを指します。こちらでは資源の使用について口出しする人が多いので、結局、その資源は有効に使用されなくなる、ということになります。その典型例が孤児の著作物ということになるでしょうか。そもそも無方式主義が「アンチコモンズの悲劇」を生み出したともいえます。「アンチコモンズの悲劇」は、本来、特許の世界で使われている言葉ですが、著作権の世界で使ってもよいでしょう。

ここに篤志の人が現れました。米国のローレンス・レッシグ（Lawrence Lessig）という憲法学者です。詳しい技術的な説明は省きますが、いまの著作権法に則りつつ、著作者が、コピー自由、変更自由、商業化自由、という意思をユーザーに伝えようというライセンス方式を創ったのです。その運動組織を「クリエイティブ・コモンズ」（Creative Commons）といいますが、それがしだいに世界的に普及してきました。日本でもじわりと普及してきました。とくに学会にはこの運動が浸透してきています。ほぼ同じ時期に、日本でも林紘一郎さんという経済学者というか法学者というか、その林さんが同様の提案をしていました。レッシグにせよ林さんにせよ、その意図は「アンチコモンズの悲劇」の回避にあったのだろうと思います。

もう一つ、ソフトウェアの世界では、オープン・ソース・ソフトウェア（open source software）という方式が普及してきました。その代表的な製品としては「リナックス」という基本ソフトウェアがあります。それを信頼性を尊重するＩＢＭというような大企業、あるいは政府機関などが使うと、そういう時代になってきたわけですね。そして『ウィキペディア』が出てきました。たしか『ネーチャー』が調査したら、『ブリタニカ』並みの信頼性があるよ、というような結論が出た、という話があります。いずれも「アンチコモンズの悲劇」からの脱出の試みといえます。

ですから、現行の著作権法は実質的には形骸化しつつある、と（一二七ページ「追記３」参照）。デジタル領域における著作権法が問題になってきてから実はもう四半世紀以上も経っています。もとはと言えば、コンピュータ・プログラムを著作権法で引き受けると言ったときからおかしくなった。コンピュータ・プログラムは、いったい表現なのかアイデアなのか、という議論が当初からありました。表現ならば著作権の、アイデアならば特許権の対象になるはずです。それを合衆国の都合で、著作権でやれと押し切られました。これについては日本でも文化庁と通産省とのあいだで権限の取り合いなどもあったりして。私も当時振り回された業界人の一人です。

で、海外では二一世紀になると、法学雑誌に、著作権法の再構築論がしばしば載るようになりました。日本でもこの数年、そうした意見をロイヤー自身が公然と示すようになりました。学会でもそうです。以上が私のプレゼンテーションです。だが、比較のために、特許権はどうなのかという話を付け加えておきます。

特許権は、著作権に比べると上手にできています。まず、そのアイデアを出願しないといけません。つぎに、出願しても特許庁の審査をパスしなければ当のアイデアについて権利を取得できません。その審査に条件がありまして、新しいこと、産業上有用なこと、その専門領域の人にとっても自明ではないこと、となっています。とにかく、当人が新たに創った付加価値分に与えるよ、という原則があるわけですね。グーグルの初期画面に「巨人の肩の上に」というシャルトルのベルナールの言葉が出ますが、この発想は理系の人間にはなじみやすいですね。つまり、特許のほうは、アイデアの私有化と言っても、それを当人の寄与分にかぎる、さらに出願と審査というフィルターによって、その私有化の範囲を限っている、こう言ってよいでしょう。

大切な原則がありまして。自然法則はダメだよ、数学的な表現はダメだよ、抽象的なアイデアそれ自体もダメだよ、それから自然現象の発見もダメだよ、と言っているのですね。これが戦後のイノベーションを先導してきた合衆国の考え方でした。一九七〇年末あたりまでの考え方でした。合衆国は理にかなった原則を作っていたのですね。ところがその後、「ジャパン・アズ・ナンバーワン」の時代になると、それまでの原則がしだいに揺らいできました。いま言った自然現象の発見とか、抽象的なアルゴリズムといった、すれすれのところにも特許を認めるような形になってきたのですね。

そのすれすれの特許ですが、たとえば、微生物、実験用のマウス、DNA配列にも与えられるようになりました。あるいはその研究用のツールですね。リサーチ・ツールって言いますけれど、それも対象になりました。

コンピュータ・プログラムにしてもですね、アルゴリズムやビジネス・モデルなどにも、特許を付与するようになりました。日本で有名になったのはAT&T社の出願したカーマーカー法（Karmarkar's method）という線形計画法にかんする特許論争でした。日本では篤志の反対者がいまして、今野浩氏（当時、東京工業大学）が特許化を阻みました。

合衆国では一九六〇年代、七〇年代はアンチパテントの時代、それ以降はプロパテントの時代になったと、こう言われています。ですが、ごく最近になってですね、またアンチパテントの時代に戻ってきたのかな、という感じがします。たとえば、治療薬の処方に関する特許紛争において、最高裁は、$E=mc^2$は特許の対象にならない、同じようにこの出願も自然現象ではないか、という意見を示しています。

ということで、いずれにしても虚構のシステムです。ただ、より徹底して虚構をつくりあげてきたのが著作権システムであり、それは今や存亡の危機にある、と。一方、虚構とうまく折り合いをつけてきた特許はまだ続いていくのではないかなということです。以上でおしまいにしましょう。

**吉岡**　いくつか質問があります。ベックマンという人の本は私は読んでないのですが、たとえば中国の技術は西洋よりもはるかに進んでいて、たとえば一三世紀に四大発明がありました。羅針盤、火薬、紙、そして印刷術の四つですね。中国からヨーロッパへ伝わった技術というのは、まあたくさんあるといわれています。その一方でヨーロッパで発明されてから中国へ逆流したものはごくわずかである、という……。技術水準では一三世紀の中国と一六世紀の西洋が似たような水準であった、というふうにも言われています。そうなると、特許権に相当する仕組みが中国で古くから成立していても何ら不思議ではない。それはどのようなものであったのか、あるいはなかったのか。また中国の影響を受けている日本ではどうだったのかというのが知りたい。……日本はまあいいとして、中国での特許権に類する思想とか、あるいは印刷術はヨーロッパよりもはるか昔からあるわけですから、著作権に類するものはどうだったのか相当に気になるというのが一点で……。

**名和**　ではまず、それから。中国には古くから著作権はあります。前に調べたことがあります。一一世紀、宋の時代、官営出版の『九経』に出版特許が与えられています。西欧よりも五世紀前、ということになります。特許については、私は知りません。……ベックマンは、中国について冷淡でした。なにも書いていません。

**吉岡**　ベックマンは知らなかったのかも知れない。ニーダムとは違って。

**名和**　ええ、そうですね。いまのご質問は手痛い。

**吉岡**　二番目ですが、情報あるいはアイデアをプロテクトする方法というのはいろいろあって、私がまず思いつくのは軍事機密ですが、他に、たとえば原子力に関して言えば、国家間協定みたいなものがありますよね、企業間のクロスライセンスとはまた別に。国家間協定で、たとえば日米協定、日米原子力協定なんかを見ると、アメリカの技術を利用する場合、核物質そのものもそうですが、核物質だけじゃなくて、アメリカの技術を利用した装置から作りだした核物質は、協定の規制対象であり、アメリカのメーカーだけじゃなく連邦政府も同意しなければ第三国への移転はできないとか、そういった国家間協定による縛りというのが一つのタイプとしてあります。

ほかのタイプとしては、ブラックボックスという例の方法で、最近の例ではアメリカ製の戦闘機の導入に関して、昔はライセンス生産というのを許していたのを、主要な機器を全部ブラックボックス化して技術を供与しないで製品だけを供与するという、そういうかたちで、ステルス戦闘機なんかは動いておりまして、これも国家による縛りなんでしょうね。最強のステルス戦闘機F22については輸出自体を禁止しようとする動きも有力です。製品そのものを提供すれば、たとえブラックボックスにしても必ずその技術は流出するからです。

その他のタイプとしてはどういうものがあるのだろうかというと、今まで述べたような怖い話とはやや別かもしれませんが、先取権というのがありますね。プライオリティ、科学上の。これは先ほど言われたように、特許にならないような物理法則の発見とか、ああいうものが対象になるわけです。ああいうものが裁判になることも稀にあると思いますが、ほとんど訴訟の対象にはならない。みんながこれでいいと認めるような判定の仕組みができている。国際学術雑誌を中心としたそういう学術情報の管理システムがあるからこそ——抜け駆けとか自分が先に発見したと主張したりということは、特許がらみでは時々ありますが——あまり見かけません。そういう法的な規制、あるいは裁判での規制によらないような情報、あるいはアイデアをプロテクトする仕組みは、ときには有効に機能するというような気もします。そういう点で、特許権とか著作権というのは、そういうプロテクトの様々な諸形態のうち、最も重要なものなのか、そうでもないのかということについて、どのようにお考えか、お聞きしたいですね。

**名和**　すみません、もう一回、最後のところを。

**吉岡**　特許権、著作権以外にも、情報・アイデアの流れをプロテクトするという仕組みは多々あると思うんですが、その中で特許権や著作権というのは本当に抜きん出て重要なのか、重要だとすれば何故なのか、というようなことを……。

**名和**　はい、抜きんでていると思います。それは長い歴史をもち、その分、社会のなかに、ビジネスのなかに組み込まれているためだと思います。経路依存性がある、といったらよいか。

今おっしゃった国家秘密に属するものはたとえば、私どもの世界では、暗号技術があるわけですね。これは合衆国では、国家安全保障局（ＮＳＡ）が抑えていたのですが、暗号は学術研究にも関係しているわけですね。暗号の研究……。暗号研究のどこをどう抑えればいいのか、これには難しい話もあって、言論の自由という大原則がありますから、その辺の折り合いをどうつけるかということがあります。たとえば輸出管理規則ですね。これで抑える、と。それからきわめて巧妙なことをやりまして、「機微ではあるが秘密ではない情報」っていうのかな、新しいカテゴリーの情報を作って、それをうまく使い研究者に圧力をかけた、ということはあった、と聞いています。

あと、……昔は秘密特許というものがあったのですね。一九五四年に合衆国が原子力法のなかに秘密特許の規定を設けたという記録がありますが、今どうなっているのか。
　話はずれますけれど、八〇年代に合衆国が日本技術文献法を作りまして、あのときは日本の研究者は、合衆国の……たとえば材料とか、宇宙関係だったかな、データベースにアクセスできなくなった、ということがありますね。それから本書の「グーグル」の章でも言及しましたが、……九・一一のあと、例の炭疽菌騒ぎのときに、合衆国の特定の研究室にアクセスするには特別な手順を踏まなくちゃいけないよ、と。で、このようなことと、特許と著作権とは全然違うだろうと私は思っています。［名和追記2］

［名和 追記2］
　話題が著作権や特許権から、その他の情報、たとえば企業秘密、国家秘密、個人情報、学術情報、技術標準などとどんな関係にあるのかに移りました。私の理解を「第4章　グーグル」の付表としてまとめました（八六ページ）。ご参照ください。

**吉岡**　八〇年代に、ジャパン・アズ・ナンバーワンと言われた、あれは虚構だったと思いますけれど、そう言われた時代には、日本語によるプロテクトというのが話題になりましたよね。
**名和**　そうでした。
**吉岡**　つまり、アメリカ側が言ってきたのはシンメトリカル・アクセスといわれるもので、それを解消するために、日本の情報の英語化を促進するとともに、日本の研究施設にもアメリカ人を入らせろというような無茶なことを言って、日本の関係者を困らせたことがあります。バブル崩壊とともに立ち消えになったようですが。そういう言語による情報プロテクトというのが、非常に意味をもち得る、と。これからも意味をもち得ると思います。それから、タシット（tacit 暗黙の）というか、文章だけでは伝わらない知識っていうのがあります。これは化学者から哲学者に転じたマイケル・ポランニーとかが八〇年くらい前に言い始めたことですが、情報として設計図をたとえ提供したとしても、同じように作ったつもりなのに機械が動かないことがある。たとえば日本の理化学研究所の仁科芳雄のグループが、カリフォルニア大学のローレンス研究所の大型サイクロトロンをまねて、そのコピーを作ったけれども、結局強いビームが出なくて、しょうがないので部下を一九四〇年にアメリカに派遣して、いろいろ細かい情報を教えてもらって帰国させ、その資料をもとに初めてサイクロトロンが動き出すというようなこともあった。そういう点で、文章だけでは伝えきれないものというのがやっぱりあるので、それによるプロテクトというのが……。

**名和**　それはいわゆる企業秘密というかノウハウということになるのでしょうね。技術導入するときは、特許だけではなくて、そのノウハウもくっつけて取らないとプラントが動かない。

そうだ、忘れていました。一九九九年に合衆国の研究機関から理研に移籍した研究者が、合衆国の経済スパイ法を侵害したとして、合衆国から身柄の引き渡しを求められた事件がありました。経済スパイ法が定義する企業秘密の範囲はきわめて広く、そこに定義されている侵害行為の定義もこれまた広い。要注意と申し上げておきます。【注2】

【注2】http://www.meti.go.jp/policy/economy/chizai/chiteki/pdf/H25FYshogaikokuchosa.pdf

**吉岡**　でもそれでも特許権っていうのは、情報保護の最も基本的な……。

**名和**　そうだと思いますね。ただ最近はテレビ一つ作るにも特許が何百と必要なのです。したがって、特許保有者の誰か一人が「俺の特許は使わせないよ」って言ったら製品ができないわけです。ですから、ある製品を作る場合には、関連する特許の所有者がその特許を持ち寄ってパテント・プールを作り、それで製品開発を目指すという組織がうまく動き始めました。一九九〇年代からですね。初めに動き出したのがMPEG‐2（エムペグツー）という映像技術でした。これは当初、技術者主導でやったのですね。法律家は「これは独禁法の対象になるから通らないよ」と冷ややかに見ていたようですが、合衆国司法省の「よし」というお墨付きをもらいました。もちろん条件付きではありましたが。このコンソーシアム方式が、その後、拡がっています。パテント・プールも「アンチコモンズの悲劇」の迂回方式ということになります。

ところが一方では、基本的な特許を自分では使わないまま保有して、それを高く売りつける、という手合いもいるわけですね。パテント・トロールとか言いますけれど。コンセンサスが成立しないような藪を意識的に作って、そこに事業機会を求めるわけです。これも「アンチコモンズの悲劇」ですね。

今、言ったパテント・プールに組み込まれた特許群は、見方を変えれば技術標準になりますね。以前はどうしていたのかと言うと、技術標準に組み込まれる特許は無償で使わせていたのですね、権利者が。そうした古き良き時代は一九八〇年代までで、それ以降、だんだんと藪が出て来た。一九九〇年代はじめ、技術標準と特許権との衝突が携帯電話の欧州規格をめぐって生じました。騒ぎ立てたのは合衆国の企業でした。このとき日本でも工業技術院、特許庁、郵政省がそれぞれ研究会を設けましたが、結局、これといった対応ができないままに終わりました。私はその三つの研究会のメンバーでした。滑稽ですね。

**吉岡**　今言ったアンチコモンズの悲劇にしても、あるいはコモンズの悲劇にしても、これがまあ技術の進歩や、あるいはその利用の自由というような観点からみた知的財産権の弊害でしょうね。特許を論ずるには——まあ著作権でもいいかもしれないけれど——その社会全体にとっての利害得失の精密な分析が必要でしょう。特許権のメリットについては教科書等で申し合わせたように、それが技術開発利用の促進にとって有利であるかのような説明がされていますが、それはエビデンス（根拠）に乏しい、ためにする議論のように思います。本当に技術開発利用という観点から見て今の特許制度がどうなっているのか、といった評価が必要だと思います。私はそこまで突っ込めないでいますし、そういう技術利用促進効果の観点から今の仕組みができているわけではそもそもないのだとは思いますが、その点はどうなんでしょう。

**名和**　今、「法と経済」という研究分野があります。特許に限らず、たとえば、電波の周波数の取り合いなどもコモンズの悲劇にかかわるわけですが、そういうものも含めて法律と経済の境界領域でどこまで……どういう対応ができるのか。どちらかというと経済学者が熱心で、法学者の方はそっぽを向いているというか、そういう感じですけれども。ところが、現実に何々審議会を作って、その会長として議論をまとめ、法律を作るのは法学者ですから。そこはむずかしいですよね。

**吉岡**　つまり研究はそんなに進んでいない……客観性のある研究成果というのは少ない、審議会では官庁と業界にとって受け入れられる結論に合わせて、根拠の乏しい理由づけが書かれているということでしょうね。

**名和**　私は、はっきり言い切るだけの勉強はしていません。

**吉岡**　時間も来たようですし、私としてはこのくらいにしておきます。

**名和**　ということで、これまでもいろいろな知的財産権ができてきて、成功したものもあるし、失敗したものもあるわけです。失敗したものは、半導体回路保護法です。合衆国からの圧力でジャパン・アズ・ナンバーワンの頃に日本が作った法律です。合衆国も制定したかと思います。その主旨は、半導体の回路に組み込まれたノウハウを盗んだらダメだよ、ということでした。ほとんど使われないまま終わったわけですね。技術の変化があまりにも激しかった、それで法律が形骸化したということでしょう。

つぎに、データベースには「特別の権利」がある、これを国際条約にせよ、という議論が一九九〇年代に生じました。すでにデータベースには著作権があったのですが、それとは別に、という話でした。というのは米国最高裁で電話帳には著作権がないという判断が出たためです。電話帳は氏名をABC順に並べ、そこに番号を付けたものに過ぎない。だれが作っても同じ、ここに創作性など認められない、という主旨でした。だが、データベースの構築にはコストがかかるから、それに見合った特別な権利が必要だろう、というような主張でした。でも、これもものにならないで終わりました。

データベース条約の背景にはヒトゲノム計画がありました。これが一九九〇年から一〇年間続いたわけですが、最終的にはセレーラ（Celera）という会社が、国際的なプロジェクトを追い越してしまいました。私企業の行動に危機感をもった学術団体が反対に回ったりしまして、結局、条約化の運動は潰れました。日本の学術会議でも反対の声明を出しました。私も下っ端でその原案を作ったりしました。ここでも電話帳の議論をしているつもりがヒトゲノムになってしまった。技術の変化に追い抜かれたということでしょう。

［名和 追記3］

紙の時代とデジタル時代のテキストとを比較してみると、生産モードも流通モードも消費モードも次表のように大きく変化しています。これを一八世紀初頭に作られた著作権法で一括して管理しようというのは、そもそも無理な話です。

| | | 紙のテキスト | デジタルのテキスト |
|---|---|---|---|
| 生産モード | 生産者 | 個人（エリート） | 誰でも、集団も |
| | 数　量 | 希　少 | 過　剰 |
| | 荷　姿 | 紙と一体 | デジタル記号列 |
| | 生産単位 | バッチ処理 | リアルタイム処理 |
| | 編集作業 | 集中（専門家） | 分散（誰でも） |

| | | | |
|---|---|---|---|
| 流通モード | コピー品質 | オリジナル以下 | オリジナル同等 |
| | コピーのコスト | 大 | 無視できる |
| | コピーの価値 | オリジナル以下 | オリジナル以上も |
| | コピー技術の保有 | 著作者のみ | 誰でも |
| 消費モード | アクセス方法 | リニア | ランダム |
| | アクセス手段 | 目録、目次など | 索引、検索語など |
| | 消費単位 | 冊　子 | パラグラフ |

表2　紙のテキスト対デジタルのテキスト（名和小太郎「グーグル・ブック・サーチ」：長尾真他編『書物と映像の未来』岩波書店、二〇一〇年より）

# IV　次世代技術の実装可能性

# 第7章　再生可能エネルギー——インフラに対する競争政策

吉岡　斉

**吉岡**　再生可能エネルギーについてですが、私は遠くない将来にも火力発電と並ぶ主役の発電手段となる可能性が高いと考えています。再生可能エネルギー発電の実力は相当なものだと思っています。とはいえ電気はエネルギーの一部でしかありません。エネルギーの主要な用途は燃料製品ですが、その分野で再生可能エネルギーが主役へと出世するのは当分無理だと思います。私は、現代史をやっているので、歴史の話から始めますと、再生可能エネルギーが将来の実用的なエネルギーとして注目されるようになったのは、石油危機を契機としてです。一九七三年十月に第一次石油危機が起きましたが、その頃から将来のエネルギーのホープとして注目されるようになりました。もちろん、その前から「成長の限界」とかそういう議論は出ていたし、公害、環境問題の激化とか、そういう再生可能エネルギーに有利な背景はそれなりに出てきていたわけですが、石油危機が大きな弾みをつけたというところでしょうか。

それで、一番本腰を入れて取り組んだのはアメリカでありまして、特にカーター政権が非常に力を入れました。それを背景としてカリフォルニア州に風車がたくさん建ったりしたわけです。ただしカーター政権は再生可能エネルギーだけでなく、石油に代わるエネルギー全般に力を入れました。たとえば石炭液化の大型プロジェクトも立ち上げたわけです。このようにアメリカで再生可能エネルギー開発が国家プロジェクトとして位置づけられたのが七〇年代半ば過ぎぐらいのことです。日本でもほぼ同じ時期、サンシャイン計画というのが一九七四年に発足する。石油危機から半年後に予算がついてしまうというような、非常に迅速なスタートでした。

立ち上がりは非常に印象的なものだったわけですが、七〇年代から八〇年代初頭にかけての再生可能エネルギー開発というのは、あまり成功したとは言えません。日本のサンシャイン計画では、太陽と、地熱と、石炭（ガス化、液化）ですね。それと水素がごくわずかで。石炭に予算の半分がいって、残り四分の一ずつ、地熱と、太陽で分け合ったわけです。ところが、あまり実用につながるような成果が出なかった。一番ボロクソに言われているのが、香川県の仁尾町に作られた太陽熱発電施設で、タワー集光式と曲面集光式の二つの方式について、各々一〇〇〇キロワットの出力で実験しました。そのプロジェクトを通産省は大々的に宣伝したわけですが、数年経ったら突然中止となり、発電実績も公開されず、装置そのものが取り壊された。つまり証拠を消してしまったという酷いプロジェクト管理をやっています。

アメリカでもそれなりに開発は進められたわけですが、やっぱり実用化につながる、つまりマーケットで通用するような再生可能エネルギー普及のうねりは起きてこなかった。そのブームが急速に冷え込んだのが八〇年代初頭です。アメリカでは八一年にレーガン政権が登場してからですね。レーガン政権は再エネには不熱心であって、さらにそれに追い打ちをかけたのが、石油価格の下落です。一九七八年末からの第二次石油危機で、一時期、スポット価格で一バレル四〇ドルまで上がるわけですが、八二年にはもう一五ドルぐらいの水準になって、その後一五〜二〇ドルという水準をかなり長く九〇年代の半ば過ぎまで維持することになりました。ところが二一世紀の最初の一〇年はまさに石油価格の高度成長時代でした。瞬間的には、二〇〇八年には一四七ドルまで行きました。その直後にリーマン・ショックが発生し世界経済が大打撃を受けたので、石油価格の上昇は止まりましたが、今（二〇一四年秋）も八〇ドル台ですね。今から見れば、一九八〇年代から九〇年代の石油価格というのは、その四分の一ぐらいだった。そういうエネルギー情勢のもとで再エネへの開発意欲は、アメリカでは八〇年代は非常に弱い時代でした。

一方、日本でも石油価格は万国共通というか、やはり安い石油の時代になって、企業の省エネ努力もそこで一服するとか、再エネ開発についても力が入らないとか、そういう状況になったわけです。まあそこで再エネブームは世界的に一服したのですが、九〇年代にまた復活をしました。その直接の力になったのは、地球温暖化というか地球環境問題へ国際社会の注目が高まったことです。そのもとで再び、再生可能エネルギーは温室効果ガスを出しませんというメリットが再評価されました。ところが今度は、うまく行ったんですよね。再生可能エネルギーはその後、まあ指数関数的といいますか、爆発的な普及のフェーズに一九九〇年代後半ぐらいから入り始めて、二一世紀に入ると量的にも、エネルギー供給の端役から脇役へ、そして主役へとどんどん伸びるフェーズに入りました。

その成功の直接的な制度的な手段としては、固定価格買い取り制度というのがドイツで考案され、それが急速に世界中に拡がっていったということがあります。つまり、それまではどちらかというと、研究開発に政府資金を注ぎ込んで実用化を促そうというように、研究費で再生可能エネルギーを立ち上がらせようとしていたわけです。また高額の補助金を設置者に提供することも行われました。しかし九〇年代になってマーケットオリエンテッドな方向に環境政策全体がシフトしていくわけですけれど、再生エネルギーでもマーケットオリエンテッドな推進政策ということで固定価格買い取り制度が導入され、それが非常に成功したわけです。固定価格買い取り制度というのは、英語でFeed in Tariff（ＦＩＴ、エフ・アイ・ティー）と呼びますが、一定期間・一定価格での買い取りを発電者に対して保証し、その費用を電力料金に上乗せする方式です。

研究機関に研究費を与えても人の欲望を刺激しないので、導入は思うように進みません。確実に利益が出る投資の対象になるということがわかれば、民間が投資をして、その結果としてコストも下がっていくというような、そういう人の欲望を刺激することによって、再エネがテイクオフをするというのが固定価格買い取り方式の考え方で、これが図に当たったと考えられます。その間もちろん、製造面での技術的な進歩というのも普及の背景にあるわけですが、技術と制度が相まって二〇〇〇年頃にテイクオフをした、というふうに言えると思います。その後、急速に伸びていって、世界で毎年新しく作られる発電所の設備容量の半分以上は再エネが占める、という状態となっています。他の発電手段を大幅に引き離してトップを走っている。つまり設備容量の増加分は再エネが主に賄っていると。もちろん原発などに比べれば、年間の増加分は桁違いに多い。その結果として例えばドイツでは、最近のデータでは、二〇一四年の前半期のデータを見ると、発電電力量の二八・五％が水力を含む再エネというような、そういう数字にまで上がって、もう三〇％は間近で、さらに増え続けるだろうといった、そういう流れになってしまった。

それに対して日本はどうかというと、今まで再エネ普及には不熱心で、固定価格買い取り制度は導入していなかったわけですが、ようやく二〇一一年に菅直人政権が「電気事業者による再生可能エネルギー電気の調達に関する特別措置法」という法律を成立させて——まあ、首相をやめるのと引き替えにというようなことで——それで二〇一二年七月に施行されました。この固定価格買い取り制度は、大きな効果をそれなりに発揮しまして、施行前は、水力を除く再エネの発電電力量に占める比率というのは一%ちょっとだったわけですが、今は五%ぐらいにはなっている。ドイツの三〇%と日本の五%というのはやはり随分違うね、ということはありますが、日本でもテイクオフしつつあるということは言える。再エネというのはもう、実用技術として電力の主要な生産手段にすでになっているドイツのような国もあるし、大抵の国で遅かれ早かれ主要な発電手段になるであろうということは、疑いがないことだと思っております。

電力については主役となることは疑いないんだけれど、一次エネルギー全体については課題が多い。また再生エネルギーを一次エネルギーの一〇〇%にしようという議論もあるわけですが、そういうのは、背伸びし過ぎのように思います。それぞれの種類のエネルギーは得手不得手があるわけですし、市場競争のもとではそれぞれが得意な分野でシェアを伸ばし、不得意な分野でシェアを落とすというような形になるのではないかと、私は思っています。

私自身の再エネに対する見方というのは、昔から誇大妄想的なスポークスマンたちの議論に対して批判的でありました。私は一九七六年に大学の物理学科を卒業して、そのあと科学技術史に転じたわけですが、科学や技術というのは、もともと本質的に、政治的な手練手管で研究費を獲得して行う活動だと思っていましたし、今もそう思っています。科学はもとより開発途上の技術もまた、マーケットで収入を得ることができないわけですから、どこからか研究費を頂戴するしかない。最大のスポンサーはもちろん政府です。研究費を獲得するために自分の分野の可能性を過大に宣伝する奴はいつの時代にもいる、むしろそれが予算を取るときの当たり前の行動様式です。予算を取ったり、あるいは国民の支持を集めようとするときには、ほとんど一〇〇％そういう誇大妄想的な話を技術者・科学者はするものです。メーカーの技術者はそこまではやらんでしょうけれど、政府のお金を取って初めて成り立つ分野の技術者であるとか、ましてや自分の研究で生計を立てられない科学者というのは、そういう誇大妄想的なことを言うものです。原子力分野では、そうした悪弊が最も典型的に現れています。実は原子力に関する先進的プロジェクトは、ほとんど失敗しています。高速増殖炉や核融合などの分野では、関係者が誇大宣伝を始めてから半世紀以上が過ぎていますが、実用化の現実的見通しは今もまったく立っていません。それゆえ原子力研究に対して私は一貫して批判的ですけれど、再エネ論者の将来ビジョンに対しても一貫して批判的だったというのが私の今までの姿勢です。

七〇年代末ぐらいから、私もいろんな雑誌や本とかで、科学技術評論的な活動をやっているわけですが、その頃から「再エネの実力の過大評価は良くない」というようなことを、繰り返し言っていたわけです。環境負荷が小さい点はいいかもしれないけれど、その実力を大げさに語る傾向は原子力と変わりがないというような言い方をしてきました。まあ、当時の再エネ技術は実力を伴わないものだったのですが、九〇年代から次第に本物になってきたと、そういうことが確かに言えるわけです。それを認めなければならない。数ある発電手段の中で主役の一つになることは明らかである。

私はそのことを認めつつ、大げさな話をしたがる傾向に対してはやはり批判的で、また、あらゆる種類の再生可能エネルギーが商業的に物になるとか、そういう議論もしない方がいいということを事あるごとに言っています。たとえば日本では洋上風力発電は無理なのではないか、といったことです。洋上風力発電は大きく着床式と浮体式に分かれます。着床式は浅瀬に杭を打ち込んで風車を立てる方式で、陸上風力と本質的には変わりません。しかし浮体式は数万トンの台船の上に数千トンの風車を立てるというもので、日本のように浅瀬が少ない地理的条件のもとでも設置可能と言われていますが、経済的に成立するかどうかきわめて疑問です。そういう意味では再エネ論者から見れば「吉岡は再エネに冷たい」というようなことを言われることがたびたびあります。とりあえず最初の問題提起はこのぐらいで。

**名和**　私の再生エネルギーについての理解は、ちょっとすれ違ったことがあるといった程度のものです。そのすれ違いとは、一九八三年の筑波科学万博の手伝いをボランティアとしてしたときのことです。このときに、政府館の使うエネルギー源はいまさら火力でもないだろう、という話が出ました。二回目の石油危機のあとでもありましたし。そこで太陽光という話になったのですが、当時、それがあまりにも巨額になるので沙汰やみになってしまいました。

昔話はさておき、今のご説明とちょっと論点がズレるかもしれませんが、私は再生エネルギーと電力インフラとのかかわりについて考えてみたいと思います。私自身は長い間、通信制度に関心を持ってきたものですから、通信ネットワークとのアナロジーで電力のネットワークというものを考えてみたいですね。そうすると、再生エネルギーっていうものにはいろいろな方式があって、それは生産側の多様化っていうことになるわけですね。で、たぶんその、太陽光とか、地熱とか、風力にしても、その送配電は今のインフラに頼る、ということになるわけですね。そこで、それぞれの送配電インフラとのインターフェイスの技術は、再生エネルギーの種類ごとに違うことになるのでしょうか。

つぎに需要側ですね。今よく言われているスマートグリッドって、需要側の話かなと思っています。つまり、家庭といいますか、ユーザーの中にいろんなセンサーを置いて、それによって需要を平滑化するというような技術ですね。通信のほうでもこれからの主要なアプリケーションになるという議論があります。基本的には今のインフラを使いながら生産側も需要側も多様化していく、というのが次世代の電力インフラの全体像なのでしょうか。

**吉岡**　まあ単純に言えばそのとおりですけれども、今の送配電システムを基本的に使いつつ、それを賢くしていく、スマートにしていくということです。これはもちろん、家庭とか消費者サイドも含まれますが、電力ネットワーク全体を管理していくうえで、精密なコンピュータを用いた測定と制御を行っていくわけです。そういう点では通信ネットワークの改革と非常に似た面があります。したがって通信ネットワーク自由化と同様の問題が発生します。一つの問題は制度的な問題で、もう一つは技術的な問題です。制度的な問題としては、電力自由化と抱き合わせの形で再生可能エネルギーを普及させねばならないという要請があります。電力自由化の基本形は、送配電会社を今の電力会社から分離独立させることです。送配電網は、今の電力会社と独立した会社、それは公営的な性格を持つ会社ですが、これにやらせます。電力を販売する会社は、みずから発電所をもつ会社と、発電所をもたずに電力卸売会社から仕入れて小売りを行う会社に二分されますが、それらが消費者に対して電力を売ることで競争をする。

で、電力を買う側はどの売電会社から買ってもいい。これは発送電分離という言い方がされますけれど、やや古い含蓄のある言い方なんで、単に送電（の発電・売電からの）分離の方がいいんじゃないかと私は思います。

いずれにしても、古い電力会社は電力をつくって、さらに自分の会社で小売りもする。新規参入の電力会社は、電力を自分でつくる場合も若干あるけれど、大部分はよそから買って、消費者に提供する。いずれにしても、小売りで勝負する。送配電会社は新旧の電力会社に対して差別のない条件で電力を運ぶサービスを提供する。こういうやり方で、生産者側も多様化する。こういうシステムの中に太陽光発電とかそういう再生可能エネルギーを受け入れる、そうすれば受け入れる余地は非常に広がってくるわけです。そうでなければ、東京電力が買ってくれなきゃダメとか、そういう制約がありますから、誰でも生産できて、それを誰でも小売業者が買えるというような仕組みになることによって、再エネの増える余地が増え、拡大していくんだと思いますし、ドイツでもそうだというふうに思います。

それと技術的な面では、昔との一つの大きな違いというのは、天然ガスが主要な火力発電燃料になったということです。世界的には今、石油火力なんてほとんどやられてないです。日本だけですよ、やっているのは。それは原発の代替火力としてやむを得ずやっているわけです。ただし福島原発事故の前も、電力の一〇％前後を石油火力でまかなっていたわけで、いかに日本の電力会社が発電コスト問題に鈍感だったかの証左です。一バレル一〇〇ドルの石油を、誰が六〇％もの廃熱を捨ててまで電気なんかに変換するでしょうかという話です。主に火力発電の燃料はガスと石炭ですが、ガス火力は一九七〇年代まではほとんどやられていなかったけれど、今は世界的に石炭と並ぶ発電の主役となっている。ガス火力というのは出力変動が自由なんですよね。まあ、ガスコンロを思い浮かべればいいんですが、水力もそうなんですよ。で、こういうふうに、需要の変動に対応できる能力というのが技術的に高まってきている。太陽光や風力というのは変動はするんですけれども、それに対してガス火力と水力でかなりの程度まで対応できるようになったから、変動部分はガス火力や水力の出力をへこましたり、追加投入したりということでならすことができる。

それに対して、基本的に原子力はそういう役割をできません。石炭火力は最近は粉炭を使うので、変動への対応もできなくはないけれど、より長い時間間隔で動かしたり止めたりした方が好都合です。発電手段の中には変動させにくいものがある一方で、変動させやすいものもあるので、再エネの比率が増えた国では、それによって需給をマッチさせるという状態になっている。だから技術的にも、再エネが増えるのを受け入れやすい状況にはなっていると思います。

**名和**　鉄道でいえば、新幹線方式ではなく在来線の拡張ですむということですね。ところで、もう少し今の話を私なりに詰めてみますと、通信の方はですね、まず、物理的な回線をもつ事業者があり、そのうえにインターネットの接続事業者があり、そのうえにさまざまなサービスをする事業者が載っているという構造をもっています。かつては通信インフラとして固定電話があり、これが一つのポリシーをもつ一つのシステムとしてユニバーサル・サービスをしておりました。だが固定電話は、通信自由化の後、現実には多様に存在する通信手段の一つにすぎなくなってしまいました。

一方、新しく現れたインターネットが動いているわけですが、それをいったい誰が運営しているのか。よくインターネットのガバナンスと言いますが、誰が、どういう仕掛けで動かしているのか、あいまいなどころがあります。一応、建前はありますけれども。

さらに事業者間の取引にしてもいろいろな形があります。相互決済もあれば上納金方式もある。ユーザーが支払う場合もあればツケを第三者に回す場合もある。料金定額制もあれば従量制もある。要するに、技術が多様化し、市場参加者が多様化するにしたがって、全体がアナーキーな状態になってくる、と。それで、そういうことが電力の場合には考えられないのかどうか、余計なおせっかいかもしれませんが、私の懸念ですね。

それからもう一つ基本的な懸念があります。送電というのでしょうか、配電というのでしょうか、そうした基幹部門への投資をうながすインセンティブはどこから出てくるのかな、ということです。たぶん、小売りとか生産のところは、それなりにいろいろなインセンティブを政策的にも技術的にもつくれるでしょうけれども、基幹的な送配電のところへの投資は——それは不可欠だと思うのですが——そこを誰が責任を持ってやるのでしょうか。

**吉岡**　はい、まずアナーキーというのはそのとおりで、電力の受給調整をいったい誰がやるのかというと、一応は送配電会社が責任をもつわけですが、送配電会社はみずから発電所を保有しているわけではないので、他人から調達しなければならない。具体的には、マーケットを使うわけです。つまり、この日のこの時間帯はこういう不足が生じそうだと、あるいは過剰が生じそうだという場合には、マーケットを使って、その不足分を供給してもらうとか、過剰分を減らしてもらうとかの入札をさせる。そういうマーケットに参入してくれる業者には高値で収入が得られるような仕組みをつくって、そういう過不足に関するシグナルを出して、市場に訴えかけて、それで調整すると言っているわけですが、はたしてどこまでうまくいくのか。それで大停電とか何か不安定性が生じないかという心配はあります。

まあ今のところ電力自由化によって重大な不都合は生じていないようです。年間の停電時間も増えているわけではありません。賢くはなってきているけれども、ある特定企業が何としても絶対責任をもって需要供給を一致させる――中央給電司令所みたいなものをつくって――というシステムじゃなくなるわけですから、不安定性というのはインターネットと同じように宿命としてつきまとってきます。それがどのくらい深刻なのかということは、電力自由化がもっと進まなければ評価しがたい面がある。

**名和**　かつて北米大停電っていうのがありましたね。

**吉岡**　あれは……今のそういう送配電会社が電力需給を精密に調整する市場をつくるというような、そういう高級な話よりももっと以前の……。

**名和**　ああ、そうですか。私はシステムと市場とが細分化されすぎて制御が追いつかなかったためかな、と理解しておりました。

**吉岡**　カリフォルニアで二〇〇〇年から二〇〇一年にかけて大停電が起きたわけですが、それは制度設計の失敗だというふうに言われています。完全な自由化された市場では、ああはならない。大停電になった背景には、カリフォルニア州では環境保護重視などの影響で発電所建設が遅れ気味で、供給可能な電力に余裕がなかったことや、他の州との送電線が貧弱だったことがあります。それに加えて電力自由化の方式における制度的な失敗があります。

燃料が値上げされても電力会社は小売価格を値上げしちゃいかんとかいう制度をつくったり、あるいは、今まで寡占状態で君臨してきた従来の電力会社が、自前の発電手段をほとんど売却して手放さなければいけないとか、そういう電力業者に対して非常に不利な条件の下で、水力発電の供給力を奪う渇水が生じたためです。さらに、それによる電力の需給逼迫と価格高騰を投機目的に使おうとした業者まで現れて、システムが破綻し電力会社も破産したというようなことで、それは電力自由化の初期にあった事件です。わりあい理由は原始的、プリミティブなものです。マーケットの失敗という面もあるのでしょう。そういうものから学ぶ必要があると思いますが、それなりに学ばれてると思います。ですから、ああいうことは、今のところ再び起こっていないということです。

**名和**　インフラが投機の対象になる、そういう時代になったのでしょうね。インフラの寿命って、たぶん一世紀に近いものも少なくないですよね。鉄道にしても電力にしても。一方、投機はもっと短期間のものでしょうから、その辺をどうやって折り合いをつけていくのか。

**吉岡**　一九九〇年代以降、石油が投機の対象になってしまって、それが二一世紀に入ってからの暴騰とその後の高値続き、そして不安定な変動の基本的な理由だと思います。それとさらに連動して、収穫された穀物をエネルギーにするか、あるいは食糧にするかは、石油価格に影響されるから、食糧供給も結局、投機の強い影響を受けることとなります。……まあ、食糧も一部の穀物は、もとから投機の対象でもありましたけれども、ますます石油と連動して投機性が強まっているということです。インフラとマーケットとの関係を、どのようにうまく調整するかというのは、ますますむずかしい問題だと思います。

**名和**　もう一つお尋ねします。インターネットでしばしば問題になる「混雑」についてです。つまり特定のアプリケーションなり特定のユーザーが膨大な通信量を使う、そして普通のユーザーの通信を妨げ、公衆に迷惑をかける、ということです。このような場合にネットワークの公共性っていったい何だろうかっていう議論ですね。これについて「ネットワークの中立性」という議論があります。たぶん、公正を重んずる法律学者と効率化をよしとする経済学者とは意見を異にすると思いますが、そういう話は出てくるのでしょうね。

**吉岡**　その前に、先に出された質問の答えから始めますと、投資インセンティブの話もなかなかむずかしい問題です。まず発電会社が発電所の建設を控えるという問題があります。一般的なマーケットの機能からして、供給は不足気味の方が高値がつくので発電所を作らない。さらに電力需要が増え、供給力がギリギリになってようやく設備を増強して——それまでは値段が上がっているからということで、上がっているうちは設備投資をしなくて、ギリギリになって——というようなことで、電力自由化が世界で進むにつれて、電力供給の予備率というのがどんどん下がってきて、そんなに余裕がなくなってきている。送配電網についても、送配電会社にまかせた場合には、送配電会社に対して何らかの法的強制力や経済的インセンティブが働かなければ設備投資しないということになる。

発電会社が自分の建てたいところに勝手に発電所を作って、それに見合う送配電網を作れと送配電会社に義務として要求できる仕組みが作られ、その費用の大半は送配電会社が支払うというルールが作られれば、送配電会社は従わざるを得ないのでしょうが、それを繰り返したのでは送配電網がいびつとなり、また異なる地域間の接続に著しい不整合が生ずるでしょう。さらに送配電会社の支出は結局は電力料金から支払われるので、消費者負担もいたずらに増えるでしょう。それゆえ発電所の設置場所や出力については何らかの公的ルールを決める必要があります。その上で送配電網に最低限の水準の投資をさせる必要があります。どうやってそれを実現するかについては名案がないですね。それも市場原理を活用するということで解決しなきゃいけないのでしょうね、本来は。国が出てくれれば解決はするのでしょうけれど、それはまた非効率とか腐敗とかいう事態も引き起こしますから、市場での解決策に経済学者は固執するみたいですが、そうした路線で行くと今ひとつうまい名案はない……と。

**名和** ヨーロッパでは国境を越えてやっていますよね、送配電は。

**吉岡** 送配電会社はそれぞれの国で通常は何社か作られていますけれども、電力の売買はまったく自由です。国境を越えてデンマークの風力発電会社からドイツの電力会社が電気を買って、それを環境保護意識の高い消費者に高値で送るとか、好き勝手に国境を越えた取り引きを大規模にやっているわけで、その場合に……。

**名和** 安定供給っていうのは、誰が責任を持つわけですか？　その電力の安定供給は国のセキュリティにもかかわるでしょう？

**吉岡** 責任持ちませんよ、それは。責任持ちきれないでしょうね。電力の移動について国境ごとに仕切りがあるわけではないですから。あるときに供給過剰でバーッと来たり、あるいは供給不足や事故などで来なかったりとか。そういうようなことに対して当然、その国の個々の送配電業者は責任を持ちきれない、負いきれない。国も同じような理由で負いきれないということですから。まあ、不足の方が深刻な問題でしょうね。過剰の場合には……どうなのかな。これもマーケットで解決するということはやられていて、マイナスの値段をつけるってことですよ。それなら電気を買ってくれる、引き取ってくれる業者がいる。電気を売る人は、お金をつけて電気を差し上げるというような、こういうことをまあ、わりと平気でやり始めているらしいのですが、ドイツなんかでは。今のところはそういう、供給過剰による破綻というのはあんまり聞いたことがない。供給不足による破綻というのは、どこかの変電所とかが周波数の変動に耐えられず、おかしくなった場合に現実に生じうる。イタリアで電力不足が数年前に生じた。フランスから送電の大動脈で電気が入ってきていたのが、ここがちょっと故障して、全体としてイタリアの電力危機が起きたとか、そういうことがあります。これは政府の責任でも送配電会社の責任でもカバーできないような気がします。なかなかむずかしいと。

それから、再生可能エネルギーというのは――石油とか化石燃料が高騰してから思うようになったのですが――一番無理をせずに作ることのできるエネルギーというか、質の低いエネルギーであり、普段利用するには丁度よいと思うようになりました。やや強く言ってしまえば、石油なんてあんなに高密度にエネルギーが詰まったものを燃やして、莫大な廃熱を捨てて大規模発電する……。これは技術システムとしてはすごいものだと思います。それに対して再エネというのは、家庭用の太陽光ですと、そのままの電圧で発生源の近くをグルグル回って、やがて消費されるということです。しかし大規模な風力発電ファームのように、全部で一〇〇万キロワットとか二〇〇万キロワットとかあるところではやはり、うんと昇圧してから何万ボルト、何十万ボルトの送電線に入れるといった、こういうことを無理してやっているわけです。

でも中小規模の再生可能エネルギーはそうではない。一番質が低くて、一番もったいなくない。私は今、そういうふうに思うようになっています。だから、再生可能エネルギーは高くて……と昔言われましたけれど、値段的には最近は火力発電とそんなには変わらないし、質の低いエネルギーで、まあそれなりに使えるという、それが電気の中心になっていくというのは、無駄に高級な資源を使うよりはずっといいことだと思うようになっています。けれど、やはり所詮は電気としての質が低い。ただし再生可能エネルギーだけで電気をすべて賄おうとすれば、多くの技術的・経済的な非効率が避けられないと思います。

また電気以外のエネルギーに多くを頼ることによってこの文明は成り立っているわけですから、たとえば内燃機関というか、そうしたものがやっぱり非常に重要であって、それは石油でしかやれない。電気ではこなせないような用途というのがたくさんありますので、そこを無理矢理、再エネで埋めることまでやらなくてもいいんじゃないか。まあ経済的に引き合うようになったらやってもいいですけど、それはまだ遠い先なんじゃないのかと思っています。だからとりあえずは電気の五〇％とか、そういう状態となるのが現実的だと思います。

**名和**　六〇年前になりますが、私は石油開発の会社で仕事をしていました。当時、石油二〇年説という予測がありました。二〇年経つと石油が枯渇するというのです。その枯渇が遅れたものの現実になったということですね。その遅れは探鉱技術と掘削技術の進歩で稼いだということでしょうが、同時に、その進歩を原油価格の高騰が支えたということでもあるでしょう。いずれにせよ、私たちは天然資源を枯渇させたという実例を一つ手にしたことになります。

話題が変わりますが、ここで一言、今までの議論にかかわらないのですが、どこかで入れておきたいテーマがあります。スマートグリッドのセンサーです。ＨＥＭＳ（Home Energy Management System）ともいうようですが。それは、その家で、どんな電気の使い方をしているのか、つまり、その人の生活の状況を記録してしまうわけですね、時々刻々と。最近、グーグルが学習機能つきのサーモスタットを家庭用として開発している会社を買収したことが話題になっています。とすれば、スマートグリッドで収集したデータをどうするのかということは、プライバシー保護とかかわってくるわけですね。

もう四半世紀も前になるでしょうか、電力会社に行けば日本中の家庭のアクティビティが分かる、と私は通産省のプライバシー保護関連の委員会で言ったことがあるのですがね。どの建物にも電気メーターが付いているので。だが、当時は誰も相手にしてくれませんでした。

**吉岡**　スマートグリッドだと怖いですよ。今までだと月一回検針で総量を測っていたわけですけど、今はリアルタイムでこう、こう、こう……と。大変な情報が……。

**名和**　いつ部屋に帰って来て、いつ寝たかとかね。

**吉岡**　そうした情報が売買されたら、犯罪にも利用されるし……。

# 第8章　自動機械──インフラの人工知能化

名和小太郎

**名和**　「自動化」が最近あれこれと話題になってきました。今回はこのテーマについて考えてみたいと思います。まず、高橋秀俊先生ですけれども、先生の〝人間8則〟を、吉岡さんご存じ？

**吉岡**　読んでいません。

**名和**　〝人間8則〟という文章があります。そこには、

1　人間は気まぐれである。
2　人間はなまけものである。
3　人間は不注意である。
4　人間は根気がない。
5　人間は単調を嫌う。
6　人間はのろまである。
7　人間は論理的思考力が弱い。

8　人間は何をするのかわからない。

とあります。本来はプログラミングの極意を説いたもののようですが、現在の眼で見れば、こういうことは機械にまかせて人間はゆとりをもって別のことをすべし、とも読めます。つまり制御系はフールプルーフにせよ、フェイルセイフにせよ、ということですね。これが高橋先生のご主張であり、本来の自動化の意味であると思います。

とすれば、これまでに議論してきた原子炉事故直後の対応にしても、現在の汚染水処理にしても、機械は停止、動いているのは人間のみという状況で、自動化の狙いとはまさに正反対のこと、人間が一番不得意なことをさせられている、ということですね。

……ちょっとこの話題はあとに回して、まず自動化とは何かから始めます。順序としてその方がいいでしょう。〝人間8則〟はもう一つの理解がありうると思います。それは何をするのか分からない人間の行動を標準化してしまい、それを機械にまかせてしまう、ということです。人間の行動を標準化することを当初「事務管理」といいました。

自動化によって人間がどんな影響を受けるのかというテーマについては、もちろん、コンピュータができたときからいろいろな人びとが議論してきたと思うのですが、これが社会的な議論になったのは一九八〇年頃でして、……吉岡さん、この『朝日ジャーナル』を覚えていらっしゃいますか?

**吉岡**　ええ、ウチにあります。

**名和**　ありますか。『朝日ジャーナル』の一九八一年六月五日号です。これは特集号でして、そのテーマが〝新コンピュータ・ショック〟とあります。この誌上で私は吉岡さんと初対面となりました。で、吉岡さんが書かれたのが〝超管理化社会への突入〟という論文で、私が書いたものが〝いま、会社を直撃しているオフィス革命とは〟という記事でした。これが初めて吉岡さんの名前を知ったきっかけでした、じつは。

**吉岡** ああ、そうですか。私はまだ二〇歳代でした。通産官僚から日本電気などを経て日本電子工業振興協会の常務理事をやっていた父・吉岡忠が、一丁前のことを書くとほめてくれたのを覚えています。

**名和** この数年前から、「オフィス・オートメーション」という言葉が流行ってきました。すでにオフィスの仕事は汎用機でかなり自動化できている、その汎用機でできない事務作業を、汎用機からはずされた作業を機械化しよう、ということでした。ちょうど、パソコンやワープロやPBX（構内交換機：Private Branch Exchange）やLAN（構内通信網：Local Area Network）がでてきて、しかも、その性能も急速に向上し、値段も安くなり、使い勝手もよくなり、ということになりました。したがって自動化を一手に引き受けていた情報システム部門を通さなくても、どこの部門でも、経理部でも人事部でも自前でパソコンを導入できるようになった、ということでした。

こんな流れのなかで、労働に対してコンピュータがどういう影響を及ぼすのかということが世界的に話題になりまして、いろいろなところで議論されました。その一つにOECDがありました。たまたまOECDに、もう亡くなられましたが、猪瀬博さんという――私にとっては気安い先輩という感じの――方がおられまして、この方がOECDの科学技術政策委員会の要職についておられたのですね。ちょっと正確な職名は覚えていないのですが。それで世界各国に「この問題をどうとらえていますか」というレポートを書かせました。で、日本ではどうかということになり、私はそのレポート作りを手伝ったことがあります。【注1】当時の日本は、ジャパン・アズ・ナンバー・ワンになりかけていた時代でしたから、比較的アグレッシヴなレポートを書いて出しました。日本と合衆国かな、楽観的だったのは。欧州はかなり悲観的で……どちらかというと……。

【注1】猪瀬博監修『マイクロコンピュータは失業を生むか』(コンピュータ・エージ社、一九八一年)

**吉岡**　失業問題とか?

**名和**　そうですね。失業論が出ていましたね。そういう思い込みがあって、コンピュータの世界では、自動化の社会的な影響がしばしば議論されてきたわけですね。

二一世紀になって、自動化の議論がまた戻ってきたようです。だが、今回は人工知能がらみなのですね、その自動化が。人工知能というと、ちょうど八〇年代ですか、第五世代コンピュータという研究テーマがあって、通産省が言い出したテーマですが、大々的にやったが結局何も残らなかった、と。総括は、「研究者を育成できた」と、こういう話でしたね。で、その後しばらくのあいだは、なんとなく研究の主流からは外れていた存在でしたが突如として復活してきた、ということです。IBMの機械がチェスに勝った、という話があったのが世紀の変わり目ぐらいでした。

今日はここで、一般論ではなくて、いくつか具体例を出してご紹介したいと思うのですが、一つは無人走行車ですね。二番目が金融工学といったらよいかのかな。三番目に、もし時間が許せばということで、論文の自動作成に触れてみたいと思います。

まず、無人走行車についてです。英語で'autonomous vehicle'ですけれども、その'autonomous'は、'auto'つまり「自分」と、'nomos'つまり「規範」の合成語となりますので、「自分の規範」つまり「自律」ということになりますね。その自分は機械であってもよい。その場合には「無人」になります。

今の無人走行車っていうのは、事前にデータを入力しておくか、あるいはオペレーターは遠くにいて遠隔操作をしていくか、あるいは自律型で、その場その場で機械自身が判断していくか、というような種類があります。グーグルが国防省の予算を受けて実験を始めています。ただしここには、いったいこれはどうなるのか、という話があるわけです。たとえば、無人でよければ視覚障害者でも運転できるわけですけれども……、それで社会が納得するかという問題もあるでしょう。事故が起きたときに、責任は誰が取るのかという議論が当然出てくるわけです。オペレーターが取るのか、あるいはプログラマーが取るのか、あるいは設計者が取るのか、というような議論が出てくるだろうと思うのですね。たとえば、遠隔操作型であればオペレーター、自律型であれば設計者、あるいはパラメータ事前入力型であれば、そのどちらか、ということでしょうかね。

数年前でしたか、名古屋空港で、自動操縦をした飛行機が着陸するときに事故を起こしたことがあったのですね。そのときの裁判の結果は、自動操縦でも操縦士に責任があるのだ、と。さらに、自動操縦であっても操縦士はこれこれしかじかの、累計飛行時間何時間とかいうような能力を持っていなくてはならないのだ、というような意見が出たと記憶しております。この辺はたぶん、これから法律家が工夫しながら判断を積み上げていかなければならない領域だろうと思います。

とくに自律型であれば製造物責任、これがもろにかぶってくるわけですね。とくにこういう新しい技術が絡むところは、設計に手落ちがあったのか、あるいは設計時には問題なしとされていたのが、あとの技術発展によって問題が出てきたのか、ということになります、論点は。前者は設計責任、後者は開発責任というようですが、そういう問題が、この自動機械についてまわってくる。

合衆国のロー・ジャーナル（Law Journal）をみると、冷ややかな書き方をする論文があったりします。これはもうローマ法の原理で行くべきだろう、と。ローマ法っていうのは、奴隷がやったことは主人が責任を持つ、と。それから、子どもがやったことは親が責任を持つ、というようなことを言っています。一般論としてはそれでいいにしても、それを具体的なところに落としたときどうなるか。私は法律家ではないのでわかりませんが、そういう問題があるのだろうと思うわけです。

とくに、これが無人兵器になった場合ですね。人を殺傷するような無人機の場合にはどうなのか。誤って民間人を殺傷した場合にはどうなるのか、と。これはハーグ条約違反だということになるそうですが、専門家の読みによってはね。現実にすでに起きている話ですから。このへんは無人化、自動化ということについて見落とせない問題だろうな、ということが一つあります。

二番目の話に入ります。いま、金融商品の取引では、〝高頻度取引〟が流行っているわけですね。私はこの分野のことは不案内ですので、簡単に申し上げます。ここでは、在来は、長期的な見通しのなかで大量の売買をして利益を上げるという手法が主流でした。それが高頻度取引では、短期的、局所的な視点で、つまり在来は見逃していた市場の変動を素早く入手して、これにただちに反応して小口の売買をくり返し、結果として大きな利益をあげる、という手法に変化しました。

数ミリ秒に分割してですね、小出しに買ったり売ったりすることになります。認知科学的にいって一〇〇ミリ秒以下は人間が判断できない、ということですから、数ミリ秒であればコンピュータに判断させざるをえない。あらかじめアルゴリズムを入れておいて、自動的に判断させ売買させる、と。売る方もそうだけれど、買う方も売る方の手口に反応するアルゴリズムを作っておき、これで受けて立つ、ということになります。だから、コンピュータ対コンピュータの争いになってきた、ということになるわけですね。

たぶん、そのアルゴリズムは多種多様で、そこに市場参加者の経験や知識がつめこまれているのでしょうね。私には理解できない分野ですが、あえて気象予報になぞらえて推測すれば、同じ気象現象であっても、竜巻もあれば台風もある、ということでしょう。どちらも大気の乱れですが、その規模や寿命が違う。その予報をする場合、一方がノイズと見なしたものを他方はシグナルとして扱う、また、その逆もある、というようなことかと思います。

で、高頻度取引に戻れば、いわば、売り手のアルゴリズムと買い手のアルゴリズムの争いだと思うのですね。つまり自律型のアルゴリズムには、売りか買いか、銘柄は何か、値幅はどうか、そのときの気配はどうか、などが組み込まれているのでしょうね。とすれば、アルゴリズムの設計者は市場で起きるすべてを予想している、ということでしょう。

だが、それでも想定外のことが起こるわけですね。現実にも起きています。これは合衆国のコンピュータ取引システムの話ですが、二〇一〇年五月六日、一四時四五分に、五分間、止まったのですね。これは複数のシステムが、お互いに相手の手の内を、値段を競り上げたのか競り下げたのか、とにかく妙な協力関係に入って、想定外のモードの取引をした、と。それにシステムが対応できず、止まっちゃったわけですね。これによって、前後三〇分間に、合衆国の市場は三兆ドルの損失を受けたと。お金が消えたというわけですね。この事件は「フラッシュ・クラッシュ」と呼ばれ、社会的な問題だということで、証券取引委員会はこれをなんらかの方法で規制すべし、という議論が当時ありました。

とにかく時代は高頻度取引に向かっていますので、そういう取引ができない市場は脱落していきます。東京証券取引所も機械のレベルアップをして、それまでは二秒だったのが二ミリ秒で取引ができるように、性能を向上したのですね。こうなると、取引会社もネットワーク経由で参加していると、通信時間中に遅れをとってしまうわけですね。シグナルを読みとってから発注するまでに時間がかかってしまいますので事業機会を失う。だから取引所に自分のコンピュータを持ち込んで取引所のコンピュータにそれを直結して取引をやると、そういう時代になってきました。コロケーションというようです。だが、それはさらなる乱れの誘因ともなりうる。ということで、金融インフラにおいても自動化、知能化が実現しつつある。……というのが二番目の話題ですね。ここまでの制御系がからむ話題には〝人間8則〟を配慮しなければいけないでしょう。

自動論文作成機についてもお話ししましょうか。これはちょっと論点が違うので、どうしようかな。

**吉岡**　とりあえず言ってみてください。

**名和**　グーグル・アナリティクスというツールがあります。グーグルを見て、自分のウェブにどういうユーザーが来て、何分間滞在して、広告のどこを見て帰った、とかいう履歴を取ることができます。そういう仕組みが既にあるわけです。そのグーグル・アナリティクスのデータをインプットして、こういうテーマのレポートを作ってくださいと頼むと、自動的に平明な英文を作成するシステムが、いま、動いているのですよ。これはナラティブ・サイエンスという会社がサービスしています。……会社ができたのは二〇一〇年でしてね。いまは『フォーブス』という、それなりに経済界では評判の雑誌ですが、そこではナラティブ・サイエンスっていう著者が論文を出しているのですね。論文を出して、景気だとか、マーケティングだとか、限定した領域ではありますが、それなりのレポートが書けると、こういう状況になっているわけです。

これで話はおしまいです。だが、近未来では、学術分野でも、特定の狭い範囲だったら、論文の自動生成ができるかもしれない、データが豊富であればね、という問題提起です。

逆の話ですけれども、MITの学生がふざけてパロディ論文作成機を作ったのですよ。「SCIgen」(「サイジェン」とでも読むのでしょうか)といいます。で、それを使った論文を投稿したんですね、ある学会に。その学会はレフェリーなしだったこともあるのでしょうが、それを受理し掲載したのです。その後、学生はじつはあれはパロディだよ、と明かしました。たしか『ネイチャー』にも、ソーカル事件の再発かというような議論が載りました。その事件を知って、あらためて、学会のIEEE (Institute of Electrical and Electronics Engineers) と、それから出版社ではシュプリンガーが、同様のリスクをもつ論文をチェックして、百数十編を削除したという話です。だから、専門分野が狭くなると、誰もが完全にチェックできないということがあり得るのですね。私もね、パロディ論文がインターネット上にあるというので、検索してみました。そうしたら、一見、学術論文の書式を踏んでおり、グラフや表もそれらしく、リファレンスもあってね、自分が専門領域じゃなければ、そうと教えてもらわなければ信用しかねない。まあ一応、学術論文の体を成しているわけです。危ない世界がでてきたのだな、と。一方、査読の自動化もありということでしょうね。

近年、学術ジャーナルの電子化が進んでいます。そのジャーナルにはオープン・ジャーナルも増えてきました。オープンといっても、学会や出版社が抑えているジャーナルもありますが、レフェリーなしのジャーナルもあるわけです。また、ジャーナルに投稿する前のプレプリントとして、たとえば大学のレポジトリに――機関レポジトリという言い方もしますが――そこへ載せておくと、それはレフェリーなしですね。このようなプレプリントと、あるいはオープン・ジャーナルの掲載論文と、いま言ったパロディ論文とを、どう見分けるのか、という問題もあるでしょう。インパクト・ファクター（論文を格付けする指標、引用された回数が重要）はどうなるのか、という話もあるわけです。……ということが三番目の話です。

自動化による労働問題に戻れば、私は答えを持ってはいません。ただし、この話が知的領域にまで入ってきている、ということは確実でしょう。合衆国のロー・ジャーナルには、つぎに危ないのは法律家自身ではないか、などという論文も現れています。弁護士がね、その職がなくなるのではないか、と。以上です。

ここで一言、ノーバート・ウィーナーの言葉を引用しておきます。彼は「人間の判断には速度と精度に限界があるけれども、機械にそれはない。人間は責任を機械に転嫁したがる」（鎮目恭夫訳『科学と神』）と、言っているのですね。〝人間8則〟を一歩踏み込んだ言い方ですね。私はそうかなとも思いますが、いわゆる「ビッグデータ」処理、つまり大規模データ解析の技術が洗練されつつある今日、仕事は機械にまかせても、責任を機械に転嫁しにくい時代になったのかな、と思い直したりもしています。私たちの挙動を常時モニタリングし解析できる環境が整ったともいえますので。

**吉岡**　ありがとうございました。まず、高橋秀俊さんですが、私が物理学科に入ったときはまだ現役で教授をやっておられて、物理数学を教えてくださったのですけれど、もたもたした話し方をして、いかにも〝人間8則〟がそのまま当てはまりそうな……（笑）エリート経営者とはまったく正反対の自由人的な方でした。彼だからこそ、こういうことを言ったのだろうと。（人間は）気まぐれでのろまで何をするかわからないと思いますが、高橋さんは何をするかわからないというか、急場で決断ができない人なんじゃないのかなと、失礼ながら思ったことが若い頃にありました。

それから、機械にまかせるということなんですが、まかせて安心な領域はやっぱり、定型的な作業ですね。よく言われることですが、定型的な作業と非定型的な作業の二種類のうち、定型的な作業はできるけれども、型がきまってない作業はやりにくい……どうもやっぱりそれが当てはまるようです。湾岸戦争やイラク戦争で活躍したアメリカ軍のトマホーク巡航ミサイル、あるいはプレデター（Predator）のようなミサイルを発射できる無人攻撃機とか、あれはゲームの世界のようなものですから、地形とかを入力して、相手をセンサーで見つけたら標的を攻撃すればいいという、わりと定型的な仕事だから、無人でも成立するのかなというふうに思います。

それに対して原子炉での作業というのはそうでもなくて、福島事故のあと汚染された原子力施設で、高線量下で作業を行うロボットが投入されましたが、日本製は全然うまくいかなくて、アメリカ製もあまりうまくいかなかった。なぜかというと、電子回路が放射線に対してきわめて脆弱ですし、原子力施設というのが、配管のお化けのような施設で、機械の進むまっすぐな軌道のようなものが確保されていないからです。特に原子炉建屋の中などは、いろんなところに配管があって、跨いで飛び越えなきゃいけないとか、そういう場所に満ちているので、いかに放射線のレベルが高くても人が行かなきゃならない領域が広大に残されていて、だからこそロボットはむずかしいだろうと思っています。

また介護福祉ロボットというのがどこまで役に立つかというと、これもあまりうまくいっていないわけですね。名和さんの方が身近に感じておられると思いますけれども、私も歳を重ねれば遠からずロボットに何らかの助けを受けなければ生きていけないようになると思います。まあ、みんなそうですね。しかし介護福祉というのは非定型であって、たとえば、施設に通って風呂に入って、また自宅に帰るという、それすら非定型ですね。たとえば、この建物に入るにしても、この部屋に身体の不自由な人を連れてたどり着くという作業は、考えてみればすごく複雑ですから、機械にはなかなかできないだろうなと思います。

それに比べれば金融工学は、ある種、スピードは別とすれば、単純な作業であります。論文の自動作成というのは、ああなるほどな、と思いました。先ほどチェスの話が出ましたけれど、チェスは今世紀になってから機械が勝つようになったと言われますが、将棋も勝ちつつあるようなんです。「電王戦」というプロ棋士集団（五人）とコンピュータの五番勝負が始まっていますが、二〇一三年の第一回では、一勝三敗一分けでプロ棋士が負けています。二〇一四年の第二回は一勝四敗だったのかな。将棋でもプロ棋士が勝てなくなっている。囲碁はまだそうじゃないようです。囲碁の方が複雑なんでしょうかね、はるかに。簡単な、定型的な領域から徐々にコンピュータが進出していくのでしょう。

グーグル・アナリティクスは、どんなものか見たことないですが、これはある種の専門分野ではできると思うんですが、専門分野のプロがうまく設計しなきゃダメなんじゃないのかな。専門分野を知らない人がそういうのを作ることはおそらくできないでしょう。開発者が専門を知らないと、とんでもないような文体になったり、概念の使い方が変になったりするでしょうから。まあただ、これは悪くないと思うんですよ。作成支援用ツールとして使えばいい。特に日本人には英語論文作成ツールとして大変に便利。その一方では、今の和英翻訳ソフトというのは、全然ダメですよね。なんで一般用の翻訳ソフトがダメなのに、学術論文作成ソフトの方がうまくいくのか、これは定形性によるんでしょうけれど、その程度のレベルかなということで、そんなに買いかぶったり、期待しているわけではありません。

マイクロ・エレクトロニクス革命という言葉がヨーロッパを中心に言われはじめたのが、一九八〇年頃でした。二〇一四年に亡くなられた、私の科学史研究の師匠の中山茂先生は、真っ先にそれに注目していました。国際的な交友の範囲がきわめて広く、また新しがり屋ですから、失業者が大量に出るとヨーロッパでは騒いでいるけれど、日本も危ないぞ、というような趣旨の論文や評論をいろいろ書きました。中には「失業者が文化を作る」という失業者文化論みたいな論文もありました。そこには「仕事が遊びであり、遊びが人生であるような理想郷」というバーナード・ショウの一節が引用されていました。名和さんが嚙みついておられたようですけれども（笑）。その中で中山さんが言っているのは、弁護士ではなくて司法書士とか行政書士とか、そういう職業が危ないんじゃないかということでした。まあ「書士」という言葉を字義通りに受け取れば、それはコンピュータに真っ先に淘汰される職業かもしれない。でもあれは実質的に接客業だからそうでもないのだ、と中山さんは言っていたように記憶します。

人工知能というのは一九八〇年代に流行した話題ですね。第五世代コンピュータとか。私の父、一九八九年に亡くなった吉岡忠が、一九八二年に立ち上げられた新世代コンピュータ開発機構（ＩＣＯＴ）で、無給の常務理事をやっていたんです。本務は日本電子工業振興協会の常務理事（のちに専務理事）をしていたのですが、さまざまな通産省系の官産共同プロジェクトの名目上のトップを引き受けていました。もともと通産省の電子工業系の部署を渡り歩いた人ですから、そういう役割ははまり役だったのでしょう。また頼まれれば断れないというのが父の性格でした。けれども、プロジェクト自体は失敗に終わった。あの頃からいったい何が進歩したんだろう。人工知能という言葉は常にあったけれども、今、何か質的に、どのように変わっているのかというのがお聞きしたいことであります。

**名和**　第五世代コンピュータについては、フィージビリティ・スタディを手伝った記憶があります。テーマはその社会的な役割についてで、チーフは唐津一さんでした。また、お父上も存じております。あれこれとお声をかけてもらいました。

……いくつかご質問があったと思うのですが、最後の方から申し上げます。まず、格段に違ったのはハードウェアなのですね。これが予想もつかないくらい潤沢に使えるようになったということです。すべてがここにある。それからソフトウェアのほうでも、ヒューリスティックな方法と言うのでしょうか、それが実用化してきた、ということでしょう。一言でいえば、手抜き、近道を探す、といった人間の勘に類するアルゴリズムによって計算する、それで計算量を小さくする、ということではないかと思います。

先ほど「ビッグデータ」と言いましたが、ビッグデータというのは、まさに機械が潤沢に使われているということですね。いろいろなデータをですね、まんべんなく、それこそ余すところなく集めてですね、そのなかにあるなにがしかの論理や事実を見つけ出す。……それには内挿や外挿、あるいは相関の計算、多変量解析もあるかもしれませんし。とにかく、たくさんのデータからある種の論理を抜き取るという手法はできてきた、と思うのですね。シミュレーションが論理主導型であるとすれば、こちらはデータ主導型といったらよいでしょうか。シミュレーションについてはあとで議論ができるかと思いますが。

一九世紀初頭、ラプラス（Pierre-Simon Laplace）がね、『確率の哲学的試論』に書いています。読んでみましょうか。「ある知性が、与えられた時点において、自然を動かしているすべての力と自然を構成しているすべての存在物の各々の状況を知っているとし、さらにこれらの与えられた情報を分析する能力をもっているとしたならば、……この知性にとって不確かなものは何一つないだろうし、その目には未来も過去と同様に現存することであろう」（内井惣七訳）、と。ビッグデータの研究者はこのラプラスの知性を追いかけているのでしょう。これって、決定論の復活ですよね。ただし現実は、まだそこには程遠い、ということでしょうかね。とにかく、何でも計算してみせるという傾向が出現した、と私には見えます。

**吉岡**　割り込んですみませんが、ぜひお聞きしたいテーマがありまして……。スーパーコンピュータによる気候変化、気候予測……私はあまり信用していないんですけれども。この気候変動予測の専門家の認める業界ルールに従って計算すると、世界各国でスパコンを使って行われるあらゆる計算結果が温暖化の進行を予測しているけれど、温暖化の進行ペースの度合いは様々ということです。なぜそのように、少なくとも定性的に満場一致の計算結果が得られるんでしょうね。業界のシミュレーション・モデルを作る際のルールがそもそも構造的に論点先取的なものになっているのでしょうか。また温室効果ガス排出増加が温暖化の主原因だと言われているわけですが、ああいう主張の信頼度について八〇％以上とか九五％以上とか適当な数字が割りふられていますが、計算式が示されておらず根拠がわかりません。またハードウェアの能力が高まれば気候変動予測は収斂してきますか、将来的には。

**名和**　ＩＰＣＣの報告書のレビューについては、つまりレビューのレビューについては、【注2】それなりの議論がなされているようですが、どちらかと言えば内向きの文書ですね。担当者はここまで細心に対応しているのだ、という苦心は読者にも伝わります。ただし、具体的な話は、第四次報告書の原案に対する査読コメントが九万件だったということくらいで、ほとんどありません。私は数年前まで環境庁の温暖化プロジェクトに、ほんのわずかですが脇役としてかかわってきましたので、私の理解にはバイアスがかかっているかもしれません。

【注2】ＩＰＣＣレビュー委員会『気候変動評価ＩＰＣＣのプロセス及び手続レビュー』
https://www.env.go.jp/press/files/jp/16165.pdf

スーパーコンピュータによる予測は、それが自然現象に対するものであれば、物理でいう保存則などを踏まえたうえでのものでしょうから、それなりに信用できるかと思います。問題は、たぶん、計算量の膨大さにあろうかと推測しますので、そこで手抜きをするために、どんな方法を使っているのだろうか、というテクニカル話になるのではないでしょうか。気候モデルの数は世界で一〇程度、ということですから。しかも、それらが巨費を使って計算しているので、まあ、それなりに評価の眼は行き届いている、と考えたいですね。

そもそもＩＰＣＣの〝Ｉ〟は'intergovernmental'の〝Ｉ〟ですから、ここに政府が介入しているということですね。政府はその社会の禁忌の守護者、科学者は禁忌の破壊者ですから、双方が折り合いをつけることはたいへんでしょうね。

率直に言えば、私は経済現象、社会現象にかんするシミュレーションをあまり信用していません。自然現象における保存則に相当するものがなにか、それが見えないことが多いからです。それにモデルのパラメータにどんな数値を入れるのか、ここに恣意性があるように思えて……。伝聞ですが、鉛筆舐めのところがそれなりにある、ということのようです。多くの場合、関連省庁の意向や関連業界の圧力があるようですね。私がアクセスした研究集団にバイアスがあったのかもしれませんが、シミュレーターが話題になっても、それはシミュレーターの出力をどう理解するかということが多く、シミュレーター自体にかんする議論はしにくい場合がほとんどでした。

ＳＰＥＥＤＩを論じたときに私が言ったことを、ここで繰り返したいと思います。それは英国で開発された「２０５０カリュキュレーター」についてです。気候シミュレーターが公開されているのか公開されていないのか私は知りませんが、もし公開されているのであれば、その事実を大々的に公表したらよいと思います。私たちの社会には〝多くの目〟があるわけですから、その〝多くの目〟にあとを委ねるということもありうるでしょう。

**吉岡**　政府系の機関がお金を出したのなら、データを国民で共有すべきであって、何で非公開にするのかというのがよくわからないですね。まあ安全保障に関わるなら問題ですけれども。だからSPEEDIだって……。

**名和**　ありうることの理由の一つに、複数のシミュレーターが相互乗り入れをしている場合もあるようですね。そうすると、互いに相手のものはブラック・ボックスになる、管理責任も分割されてしまう、ということもあるのではないか。プロジェクトが大きくなればなるほど。

八〇年代の話に戻りますが、猪瀬委員会は中山さんにもお知恵を拝借いたしました。

**吉岡**　八〇年代頃のマイクロ・エレクトロニクス革命論では、自動化によってもっとも大きな影響が出るのは、労働に対する影響であって、失業者が増えるだけではなく、労働強化の道具になるとか、いろんなことが言われたわけですが、労働への影響という点ではどうですか。

**名和**　私はね、それはあまり意識しませんでした。むしろこういうことがあったのですよ。CAD（Computer Aided Design：コンピュータ支援設計）ですね。CADを使うと、今までの製図作業よりも、かかる時間が十分の一になると、仮にしましょうか。このときに一〇人いた設計要員がね、一人になるのかというとそうではない。一人が一〇枚の図面を書いてね、その中から最上のものを提出する、と。まあ、少しずつ入力を変えて、繰り返して計算してみる、そしてよいものを出す、ということでしたね。それは私どもの会社だけではなくて、「ああ、うちもそうだった」という話をよく聞きましたから。だがこれは、まだ日本の企業に体力があった時代の話だったのかもしれませんね。いまでもこういう余裕があるのかどうか。

**吉岡**　単純労働がむしろ増えるんじゃないかと言われたわけです。つまり、機械がメインの仕事を担当し、でも細かい周辺の仕事ができないから、人間はむしろ周辺の、機械を円滑に動かすための仕事をやるようになって……。

**名和**　うーんと、それはあまり覚えていないですね。私はどちらかというと御用学者の側にいたためかもしれませんが。鮮明に覚えているのは、通産省が〝一〇年後の世界〟という予測を出しまして（笑）。

**吉岡**　知ってます（笑）。

**名和**　『S家の一日』でしたね、それは……（笑）。どなたが書いたのかは知りませんけれども。もう一人の吉岡さんが、だれかに書かせたのかもしれませんが（笑）。

**吉岡**　私もそれについて批評をして、なんて代わり映えのしない世界であろうというふうに書きました（笑）。

**名和**　（笑）それでね、実は一〇年後に私はその予言をチェックしようとしたのですよ。当時、『情報化白書』の編集委員をしていましたので、白書担当のスタッフにこの話を持ち込みましてね、面白いからやろうという話になったのです。だが、いざ始めたところ、もう、評価がきわめてむずかしい。そもそも元のテキストがあいまいで多義的でしたので。それで結局、何もできませんでした。テーマとしては、自動翻訳、カナ漢字変換、テレビ会議などがあったと記憶しています。

**吉岡**　職場や家庭に機械がいろいろ入ってくるというだけの話のように……。働き方とかに構造的な変化がないから、退屈でした。産業構造審議会というのは、未来社会の質的変化を分析する委員会ではないのだなという思いを強くしました。

**名和**　働き方の方は、むしろトフラー（Alvin Toffler）が『第三の波』に書いていまして、これからは……。

**吉岡**　プロシューマー（prosumer 生産消費者）ですね。

**名和**　そう、プロシューマーでした。これからはプロシューマーの時代になると。で、プロシューマー——自分で作りかつ自分で消費する——という形でジョブをこなす人は現れたのではないか、と。その予言は当たったと思いますね。

**吉岡**　編集者に頼らずに文章を作るとかね（笑）。

**名和**　ツイッターの普及などをみると、万人がプロシューマーになったともいえますね（笑）。

**吉岡**　電子化によって本や雑誌の編集者は困っているわけです。出版業はじり貧状態です。

**名和**　いま、思い出しましたが、シャーフ（Adam Schaff）という研究者が、たしかローマ・クラブのメンバーだったと記憶していますが、彼は、自動化が徹底すると、余暇の汚染が生じるとも言っていたかと思います。だから、人は生き甲斐を見つけなければならない、と。彼は、万人が教育者になり相互に教え合え、と言っていました。その教え合いは相互監視にも通じますね。……また年寄りの悲観論になってしまいました。

# V

# 技術の迷宮、技術者の迷宮

# 第9章　新技術をめぐる誇大妄想と高速増殖炉開発の未来

吉岡 斉

## 1　テクノトピア立国論

この章は大きく二つのパートに分かれる。前半部（1～4節）では、新技術をめぐって科学者・技術者が誇大妄想を語ることが常態となり、根拠の乏しい将来展望が跳梁跋扈している現代的状況について概観する。後半部（5～12節）では高速増殖炉開発に焦点を絞り、それが誇大妄想的技術の典型であり、長期間にわたり実績が乏しいにもかかわらず、きわめて強い生命力をもって今日まで生き延びてきた経過をあとづけ、その将来シナリオを占ってみる。

科学知識は実験・観測に裏打ちされた確実なものであり、技術製品はスペックに書かれた通りの性能を発揮し信頼を裏切らない。だが科学者・技術者は、自分の生み出した知識や製品について語るときは慎重に言葉を選ぶものの、その将来の発展可能性や、それが社会にもたらす可能性のある利益について話すときには、とたんに空想力豊かになることが多い。学術論文では根拠に基づかない言説に対する抑止機構が働くが、一般向けの講演・記者会見・インタビュー等にはそのようなチェック機能はない。

もちろん心ある聞き手や読み手は、この人の話は誇大妄想的な我田引水が過ぎるのではないかといった印象を抱くだろうが、このような言説は日本では科学者・技術者の天真爛漫な「夢を語る」「元気の出る」行為として社会的に容認されている面もあるので始末が悪い。きわめて根拠薄弱な言説が、ほかならぬ科学者に相応しい行為として容認されているのである。第三者によって検証可能な客観的根拠を明示することが科学的言説に欠かせない要件であることを踏まえれば、「根拠薄弱」を近似的に「非科学的」とも表現できなくはない。しかし科学研究は本質的に、知識の未開地を開拓していく行為であり、科学上の学説は多かれ少なかれ仮説的であり論争の余地を抱えている。その根拠は決して磐石ではなく、大なり小なり「根拠不十分」である。だからこそ研究する意義がある。「不確実さの中の確実さ」を追及する行為が科学なのである。「非科学的」という言葉は、そこからの逸脱を指摘するために取っておきたい。みだりに使うべきではない。

誇大妄想的言説が罷り通る背景にはもちろん、新技術の将来性を事前に評価することの本質的な困難さがある。もし幾つかのブレイクスルーが重なって起きれば、困難な技術的目標がクリアされる可能性も皆無ではない。そして予想外のブレイクスルーは、技術開発の世界では珍しくない。技術開発システムが誇大妄想を現実化するための制度的装置としての一面をもつことは否定できない。しかし将来のブレイクスルーへの希望的観測をできるだけ膨らませて語ることは今や、科学者・技術者の研究費獲得のための必須のテクニックとなり、そのために作戦会議や予行演習が日々繰り返されている。

そこには科学者・技術者の打算がある。マーケットでの成功可能性を見通せない技術について、その研究開発費用を負担してくれるのは政府だけである。民間資金は成功可能性が濃厚にならなければ獲得できない。資産家やベンチャーキャピタルが空想的アイデアに興味を示すこともあるが長続きしない。そこで科学者・技術者はみずからの研究開発する技術について、あえて誇大妄想的な将来像を描きそれを広く普及させることで、「社会」つまり資金提供者の支持を得ようとする。科学者・技術者がとくに意識しているのは予算配分に強い影響力をもつ政治家、政府関係者をはじめとする権力エリートの支持である。一般国民の支持は権力エリートにも影響を及ぼすが、そのルートは間接的である。そのような次第であるから誇大妄想的な将来像はいきおい、国家発展とのリンケージを過度に強調したナショナリスティックな色彩を色濃く帯びることとなる。

科学者・技術者は一般に特段の愛国者ではなく、また国家安全保障について特別の専門的知識をもっているわけでもないが、みずからの研究開発予算を獲得しようとする場面においては大抵の場合、国家の危機を救うのだと国士のような発言をする。筆者は若い頃から、科学者・技術者によるナショナリスティックな誇大妄想の横行に対して強い憤りを覚えてきた。筆者がまだ大学院在籍時代に書いたデビュー作『テクノトピアをこえて――科学技術立国批判』(社会評論社、一九八二年)では、技術の未来をめぐる誇大妄想を「テクノトピア論」と名付け、それが多くの場合「科学技術立国論」を随伴していることを指摘した。両者をひとまとめにして「テクノトピア立国論」と呼ぶこともできよう。

## 2　モデルケースとしての核融合研究

『テクノトピアをこえて』では主たる対象分野として核融合を選んだ。それは物理学科出身の筆者にとって専門的に馴染み深い分野であること、実社会に実害を及ぼす段階には至っていないため取り上げる論者が少なく希少性が高いこと（当時、物理学者の槌田敦による批判論が唯一のものだった）、および「テクノトピア立国論」が極端な形で現れていることの三つの理由による。とくに三点目が筆者にとって重要で、核融合言説の独得のいかがわしさに魅せられたのである。

軽い原子（重水素、トリチウム）の電離気体（プラズマ）を容器に閉じ込めて超高温・超高圧状態とし、核融合反応を起こさせる制御核融合研究は一九六〇年代末に世界的な煉獄状態を脱し、核融合装置の中でプラズマを外部から加熱しなくても核融合反応を長時間維持できる「自己点火条件」を達成する現実的可能性が開けてきたかに見えた。この状況下で欧米では炉心で瞬間的ながら若干の核融合反応を発生させる性能をもつ核融合装置の建設計画が立てられた（アメリカのＴＦＴＲ、欧州連合のＪＥＴ）。日本でもそれらと並ぶ性能の世界最大級の核融合装置ＪＴ－60の建設計画が立てられた。

核融合装置では磁気容器を生成する巨大超伝導磁石とプラズマ加熱装置（加速器、マイクロ波発生装置）を動かすのに大電力が必要である。入力を上回る出力を得る装置を作ることはきわめて困難であり、これらの大型装置でも到底達成できない。しかしこの設計思想を変えずに大幅にスケールアップし、同時に超伝導磁石など設備・機器の性能を向上させることにより、「自己点火条件」（実質的な「ゼロ出力炉」、つまり出力が入力を上回り正味の電力を発生できる核融合炉の目安とされる条件）を射程に収めることができるかも知れないという希望的観測を、多くの核融合関係者が抱くようになった。

しかし関係者は同時に、商業用核融合炉の開発の困難さを知らないわけではなかった。とくに材料技術のハードルは高い。核融合炉の炉心から不純物を取り除くダイバータにおける厳しい熱負荷に耐える材料や、核融合反応で発生する14ＭｅＶ超高速中性子（1ＭｅＶ＝1・6×$10^{-13}$ジュール）の大量照射に耐える炉心第一壁の材料は、見つかっていない。これらは核融合装置の心臓部にある主要機器であるが、現在最高の材料でも頻繁に交換しなければ性能を維持できないと考えられている。また超高速中性子は装置の周辺部まで飛散するので核融合発電所の建屋全体が厳しい環境に置かれる。他の根本的な困難として、核融合炉が個体や液体でなく気体を燃料としているため装置が巨大化するという弱点がある。しかも装置が超電導磁石、プラズマ加熱装置、および多くの機能を一手に担うブランケット（炉心の外周部に設置され、超高速中性子を捕捉し吸収エネルギーを配管を流れる水に受け渡し、同時に核変換によってリチウムからトリチウムを製造し、さらに超高速中性子が外部に漏れるのを遮蔽する役割を有する）を組み込むため複雑化する。そのため他の発電手段に対して経済的に太刀打ちできるとは考えにくい。

さらに「無尽蔵でクリーン」というのが核融合の最大の利点であると言われてきたが、重水およびリチウム（トリチウム原料）は日本では全量輸入となっている。また核融合炉は核分裂炉のような大量の放射能を周辺に撒き散らす過酷事故を起こすことはないが、大量のトリチウムを常時放出し、また同規模の核分裂炉の数倍にのぼる中低レベル放射性廃棄物を発生させる（核融合炉の炉心・ブランケットが巨大化し、また超高速中性子の照射により放射化するため）。

### 3　自主的な核融合開発は国の存亡をかけた課題

こうした事情があるにもかかわらず二つの石油危機が起きた一九七〇年代、日本の核融合関係者は核融合が国家の危機を救うというキャンペーンを展開した。一九七五年に原子力委員会核融合会議がまとめた「第二段階核融合研究開発計画」には、JT－60建設ののち、ほぼ五年毎に核融合装置をスケールアップし、二〇〇〇年頃には実証炉の運転に漕ぎつけるという大胆なロードマップが掲げられた。この年号は核融合の技術的可能性に関する客観的評価にもとづくものではなく、「石油寿命三〇年説」を下敷きに「石油に代わるエネルギー」として自己アピールできるよう時間軸上の辻褄合わせをしたものだった。また原子力委員会決定を受けて提出された日本学術会議核融合研究連絡会の核融合研究将来計画（一九七七年）には、次のような文言が綴られていた（『テクノトピアをこえて』四八ページ）。

「一九八五年頃より世界の［エネルギー］需給事情はひっぱくし、一方において原油総生産量は一九九〇年代をピークにして減少し、二一世紀の前半より深刻なエネルギー危機にみまわれると予測されている。このエネルギー危機を回避、もしくは逸早くそこから脱却するためには、石油に代わる新エネルギーの開発が急務である。核融合はその中で優れた特徴を有する有力な候補であり、そのエネルギーへの研究・開発には人類として最大限の努力を尽くすべきと考えられる。とくに自国のエネルギー資源が乏しいわが国にとっては、エネルギー問題の解決は他国依存ではすまされない基本的課題であり、その意味において、核融合は国全体として自主開発する必要がある。来るべきエネルギー危機において、フローに強く、ストックに弱いわが国が、今日の生活を維持・発展させてゆくためには、エネルギー技術を自らの手で開発し、エネルギー自給体制を確立することを目標とし、これによって世界に伍して相互に貢献しあう国家的姿勢をもたねばならない。この意味においても、自主的な核融合開発は、国の存亡をかけた重要な課題である」

突っ込みどころ満載の文章であるが、いちいち詮索する必要もなかろう。最も驚くべき点は「ゼロ出力炉」建設の目処すら立っていないにもかかわらず、実用化一歩手前であるかのような言説を展開し、

「国の存亡をかけた重要な課題である」とまで大見得を切っていることである。この文章が書かれた一九七〇年代半ばから四〇年後の今日の高みから省みると、「自己点火条件」を達成するには当時考えられていたよりもはるかに大型で高性能の核融合装置の建設が必要であることが分かってきた。正味の電力を生みださない「ゼロ出力炉」の建設を一国で行うことが財政的に無理であるため、国際事業として国際熱核融合実験炉（ＩＴＥＲ）の設計・建設計画が一九八八年から実質的に開始されたが、あまりに建設費が高くなる見通しとなったことからハーフサイズにスケールダウンした通称「コンパクトＩＴＥＲ」が、南フランスのカダラッシュに建設されることに二〇〇五年に決定し、すでに工事が始まっている。

完成の公称目標は二〇一九年末だが、今までＩＴＥＲ計画が何度も遅延を重ねてきたことを考えると当てにならない。とくに建設費の大幅コストオーバーランや、ホスト国であるフランスをはじめとするヨーロッパ諸国の財政事情を考えると、資金不足による大幅遅延の可能性もある。またコンパクトＩＴＥＲは「ゼロ出力炉」未満の装置であり、また発電とトリチウム生産に必要なブランケットをもたず、まさに心臓部だけがあって周辺部が何もないような不完全なもので、実用炉とは程遠い。一兆円の「おもちゃ」と評する人もいる。もしこれに後で周辺部を追加すれば、数千億円の追加コストがかかるのではないか。

## 4　小規模・分散型技術における「ハイプ」

誇大妄想が横行している分野は、主力装置の建設に数百億円から数千億円の費用を要する大規模ナショナルプロジェクト（核融合など）だけでなく、再生可能エネルギーなど小規模・分散型技術にも及んでいる。再生可能エネルギーの中でも何種類か（陸上および着床式の風力発電、太陽光発電など）は、二一世紀に入ってから実用技術としての将来性が確実になってきたが、一九八〇年頃にはあらゆる種類の再エネについて異常に強気の将来展望が語られることが多かった。それについても筆者は『テクノトピアをこえて』やその後の論文・評論等で繰り返し批判してきた。

また筆者は、新技術の実用化見通しだけでなくその社会的意味についての科学者・技術者の言説も、その多くは根拠に基づかない希望的観測に過ぎないと考えてきた。社会的意味を論ずるにはそれなりの社会科学的な問題設定の仕方が必要であり、そうした方面で科学者・技術者は素人である。にもかかわらず科学上・技術上の一定の実績を背景に、言いたい放題を話しまくる科学者・技術者が少なくない。他方で、科学・技術の社会的意味について、自分がひいきにする分野を過度に自画自讃する議論が目立つ。たとえば原子力発電が本質的に権威主義的社会に適合的であるのに対し、再生可能エネルギーは本質的に民主主義的社会に適合的といった議論が、一九七〇年代より世界的に浸透した。そうした議論の背景にはもちろん、種々の大規模技術システムに立脚する人間抑圧的・環境破壊的な工業文明に異論を唱え、等身大で環境保全的な「もうひとつの技術」（alternative technology）にもとづく新たな文明を志向する思想潮流の影響力があった。

同種の議論はいわゆる「コンピュータ・デモクラシー」に関しても決まり文句のように使われてきた。パソコンとそれを用いたパーソナルな電子通信の普及自体が民主主義を促進するというのである。それらは押し並べてパーソナルな経験をマクロな社会構造や社会変化（日本では社会変動という訳語が一般的だが、変動という日本語は対象を正確に反映していないので、ここでは社会変化と記す。気候変動についても同様のことが言える）についての命題へと外挿したものであり、それを裏付ける証拠は何もない。筆者と同様のコンピュータ・デモクラシー批判は、ラングドン・ウィナー『鯨と原子炉――技術の限界を求めて』（吉岡斉・若松征男訳、紀伊國屋書店、二〇〇〇年）に展開されている。

三三年前に出版した前掲書『テクノトピアをこえて』（一二二ページ）で筆者は、原子力発電と太陽光発電の関係について次のように指摘した。「太陽光と原発のハイブリッドも、太陽電池の大幅コストダウンにより、実用化される見通しは決して小さくないと言える。さらに想像力をたくましくすれば、原子力発電の推進とともに今後増加するかも知れない「核の墓場」で、太陽光発電所がしずかに動きつづける、という白昼夢的光景の出現も、ありえないことではない。というのも、これがおそらく核の墓場のほとんど唯一の有効利用法だからである。幸いなことに、太陽電池は原子力発電所や核の墓場で計測される程度の放射線によってほとんど劣化することはなく、また保守点検もきわめて容易であるため、誰も放射線被曝の脅威にさらすことなく、無人運転をつづけることも、むずかしいことではない」。風力発電も太陽光発電に準ずる特性をもつ。残念なことに青森県六ヶ所村では、核燃料サイクル施設群と隣接する形で、三社七七基の風車が共存する景色が広がっている。総設備容量は一一万五三五〇キロワットにも達する。福島原発事故による汚染地域においても今後、再生可能エネルギー設備の普及が促進されると思われるが、そうした未来を「予言」した者として素直には喜べない。

アメリカでは新技術の将来性に関する誇大妄想について「ハイプ」（hype）という用語が定着しつつある。誇大妄想は日本だけでなく世界共通のものであり、科学者・技術者の発言は眉に唾をつけて聞かねばならないということが、今や人類の常識となっているのだろう。私が最初にこの言葉を目にしたのは、ジョセフ・J・ロムの『石油は水素に代われるか』（オーム社、二〇〇五年。原題は The Hype About Hydrogen で、二〇〇四年に出版された）である。水素を燃料とする燃料電池自動車について、カナダのバラード・パワー・システムズ社の巧みな宣伝などによって、一九九〇年代後半にブームが訪れたが、期待されたほどの性能向上は不発だったため、二〇〇〇年代初頭には失速してしまった。ロムはそうしたハイプ崩壊の只中にこの本を出版した。それから一〇年あまりが経過したが、燃料電池に関して目立ったイノベーションは起きていない。にもかかわらず経産省の肝入りでトヨタがＭＩＲＡＩという燃料電池自動車を二〇一四年一二月に発売し、大きな話題を集めた。だが世界のどこでも燃料電池自動車ブームが起きていないことを考えると、日本だけのブームは一過性に終わる可能性がきわめて高い。

アメリカのガートナー社は「ハイプ・サイクル」という言葉を発明し、一九九五年より種々の新技術について投資の可否を判断するためのレポートを毎年発表してきた。その考え方によると新興技術が脚光を浴びてまもなくの時期は過度の興奮と非現実的な期待が生じることが多いが、多くは失敗に終わり幻滅が広がる。しかし幾つかの新技術は雌伏の時代において実力を蓄え、やがて実用技術として開花するという。筆者に言わせればこれはいかにも能天気の考えである。先に述べたように新技術はほぼ一〇〇％例外なく、ハイプの対象として誇大妄想的議論の対象となる。しかし最終的に実用技術として成功するのはごく一握りである。新技術の大半は線香花火のようなハイプの光芒を残して消えてしまう。「ハイプ・サイクル」は所詮マーケティング用語に過ぎないが、新技術はやがて成功するのが普通だというミスリーディングな含蓄をともなうので感心しない。

## 5　高速増殖炉もんじゅ事故

さて、これから高速増殖炉開発に話題を絞って、新技術に関する誇大妄想が国家基本政策の中枢に深く浸透している実態と、それを克服していく可能性について考察する。一九九五年一二月八日一九時四七分、四〇％出力の「性能試験」を行っていた動力炉・核燃料開発事業団（動燃）の高速増殖炉もんじゅ（福井県敦賀市）で、二次冷却系からのナトリウム漏洩事故が起きた。配管から漏洩したナトリウムは空気中の水分や酸素と反応して激しく燃焼し、空気ダクトや鉄製の足場を溶かし、床面に張られた鋼鉄性ライナー上に落下してナトリウム酸化物からなる堆積物を作った。幸運にもナトリウムは床の鋼鉄性ライナーを貫通せず、コンクリートと直接反応する事態は避けられた。

事故原因については、A、B、Cと合計三ループある冷却系のうち、Cループ配管に差し込まれ配管内に高々と突き出たナトリウム温度計をカバーするステンレス製保護管の先端部が、微小振動を繰り返すことによる金属疲労により破断し、その折れた開口部から配管内のナトリウムが保護管の内部を通り、直接配管室の室内に出たものと推定されている。この事故により環境中に放出された放射能はわずかであった。作業員や周辺住民の放射線被曝もなかった。

しかしこの事故に際して動燃がとった対応行動は、きわめて不適切なものだった。その第一は技術的対応のまずさである。当直長の判断の誤りにより、原子炉停止が大幅に遅れただけでなく、停止後のナトリウム抜き取りも大幅に遅れたため、即座の措置がとられた場合に比べて数倍（推定七〇〇キログラム）のナトリウムが配管室に漏洩した。さらにその間、空調システムを停止しなかったために、放射性物質トリチウムを含むナトリウム・エアロゾルが原子炉建屋全体に拡散し、一部は環境に放出された。

第二は社会的対応の不適切さである。この事故では周辺自治体への通報の遅れが問題となった。福井県及び敦賀市への通報は事故発生の約一時間後となったのである。さらに動燃は、組織的な事故情報の秘匿・改竄を行った。動燃は一二月九日午前二時五分（一巻分）と、午後一六時一〇分（二巻分）の二回にわたり、事故現場のビデオ撮影を行ったが、公表したのは後者のビデオテープのうち一巻（一一分）を、肝心のナトリウム漏洩箇所とその周辺の映像を削除して編集したものであった。福井県職員の実地調査の印象と、動燃が発表していた映像の印象とが、あまりにも食い違うことを福井県から追求された動燃は、やむなくビデオテープ改竄の事実をみとめた。そして動燃もんじゅ建設所の大森康民所長と佐藤勲雄副所長が隠蔽工作の責任者であったことを明らかにし、両名を含む四名を動燃として更迭した。

さらに科学技術庁は一月一二日、動燃理事長の大石博の更迭を決めた。その翌日の一月一三日未明、組織的な事故情報の秘匿・改竄の社内調査の担当者だった動燃の総務部次長の西村成生が宿泊中のホテル八階から転落し死亡した。警察は自殺と断定したが遺族らは、多くの偽装工作が動燃関係者の手で加えられたことなどに疑問を抱き、動燃に対して提訴し棄却されたが、今も真相究明を願っている。

この事故情報秘匿・改竄の発覚によりもんじゅ事故は「事件」へと発展した。それは事故の原因究明と安全対策の策定・実施によって収拾されるような性質のものではなかった。原子力行政そのものに対する国民的批判を呼び起こし、そのあり方の総点検を迫った。そのさなか動燃は、もんじゅ事故から一年あまりしかたっていない一九九七年三月一一日、東海再処理工場の火災爆発事故を起こし、ここでも虚偽報告を行ったため社会的信用を失墜した。動燃の延命のため科学技術庁はそれを核燃料サイクル開発機構へと改組した（一九九八年）。さらにサイクル機構は二〇〇五年に日本原子力研究所と統合され、日本原子力研究開発機構となり今日に至る。また親組織の科学技術庁も二〇〇一年の中央省庁等再編に際し、文部省に吸収され文部科学省となり今日に至る。

## 6　高速増殖炉の技術的特性

高速増殖炉とは、高速中性子による核分裂連鎖反応を炉心内で定常的に維持することによってエネルギーを生み出し、それと同時に核燃料を増殖する特殊な原子炉を指す。高速中性子を核分裂性プルトニウム（Pu-239, Pu-241）に吸収させると、熱中性子（速度の遅い中性子）を核分裂性ウラン（U-235）に吸収させる場合よりも、はるかに大量の中性子を発生させることができる。

この豊富な中性子を、核分裂連鎖反応の維持に用いる傍ら、炉心とその周囲のブランケット——通常の燃料集合体と同じ外観をもち、炉心を構成する燃料集合体の上下、および外周部に設置されており、容積は炉心の三〜四倍に達する——に含まれる非核分裂性ウラン（U-238）に吸収させることにより、消費した核分裂性物質の量を上回る核分裂性プルトニウムを生み出すことができる。

種々の高速増殖炉のうち、ウラン・プルトニウム混合酸化物（ＭＯＸ）を核燃料とし、金属ナトリウムを冷却材として使用するタイプが、世界の主流となってきた。高速増殖炉の軽水炉と比べての最大の利点は、ウラン資源の資源利用率を数十倍高めることができる点にある。もし高速増殖炉が実用化されれば、それは資源制約のない無尽蔵のエネルギー源のひとつとなる。それが「夢の原子炉」として語られてきた理由である。

ただそれは実際的には電力のみしか生産できず、ウラン資源が不足しても燃料確保に困らないウラン節約型原子炉、という程度のメリットに過ぎない。世界的にウラン資源不足に大きな関心が向けられた時代は過去二度ほどある。一度目は一九五〇年代の核軍拡競争最盛期であり、ウランは稀少資源とみられており、核兵器開発に優先的に回すべきものとされていた。二度目は一九六〇年代後半から七〇年代前半にかけての商業原子力発電テイクオフ期であり、高度経済成長が今後も続いて電力消費が大幅拡大し、その中で原子力発電が急拡大するならば、ウラン資源不足が生ずるものとされた。だがいずれにおいてもウラン資源不足は杞憂に終わった。ウラン資源節約型の原子炉に対する現実的な需要は今まで生じていないし、将来的にもその可能性は低いと見込まれる。

他方で、国際核不拡散の取り組みが強化され、高速増殖炉は安全保障リスクがきわめて高い原子炉として、従来にも増して警戒されるようになった。それは高速増殖炉サイクルが大量のプルトニウムの生産・貯蔵・輸送を常時必要とするシステムであるのみならず、高速増殖炉のブランケットからの使用済核燃料に含まれるプルトニウムの品質が、核爆弾を作るのに最適であることによる。ブランケットのプルトニウムは、炉心と比べて中性子の照射を強く受けないので、高次のプルトニウム（Pu-240, 241, 242）の含有率がきわめて低く、理想的な原爆材料であるプルトニウム239の含有率がきわめて高い。その比率は通常の運転状態では九七～九八％を占め、「兵器級」プルトニウムと呼ばれる。

高速増殖炉の軽水炉と比べての安全上の利点としては、常圧の冷却材を使うため、冷却材喪失事故（LOCA）を起こしにくい点がある。しかし、全体としてみれば高速増殖炉は軽水炉よりも危険物の内蔵量が多く、制御が困難であり、危険因子を多く抱える原子炉である。具体的には次のような諸点が挙げられる。第一に、毒性のきわめて高いプルトニウムを多量に内蔵している。第二に、炉心の動特性が不安定であり、暴走しやすい。第三に、ナトリウムを冷却材として用いる。それは空気や水と接触して、発熱酸化反応を生ずる。第四に、熱衝撃を避けるため、炉壁や配管を薄く作らざるを得ないので、地震に対して脆弱である。

そうした安全上の弱点を補うために、高速増殖炉では特別の配慮がなされている。たとえば三次にわたる冷却系が、高速増殖炉には設けられている。そのうち一次と二次はナトリウム冷却系である。二次系と三次系の熱交換を、蒸気発生器を介してナトリウムと水の間で行う。もし二次系に水を用いるならば、一次系との熱交換の際にナトリウムと水が接触して爆発的な燃焼を起こし、強い放射能を帯びた一次系ナトリウムが外部に放出されるおそれがある。また爆発的な燃焼の衝撃が炉心を直撃し、炉心を損傷させるおそれもある。それを防ぐために三次にわたる冷却系が設けられている。その他さまざまの安全上の配慮が必要となる結果として、高速増殖炉の建設コストは、同等出力の軽水炉を大きく上回る。

さらに高速増殖炉では、使用済核燃料の再処理が不可欠となるが、軽水炉発電のそれはきわめてコストが高く、ほとんどの国が再処理路線から離脱している。高速増殖炉の使用済核燃料は燃焼度が格段に高いので、軽水炉よりもさらに難度が高くコストも増加する。加えて抽出したプルトニウムをウランと混合するＭＯＸ燃料の加工も厄介である。その加工コストは濃縮ウラン燃料製造の総コストをも上回る。全体として高速増殖炉の核燃料コスト単価は、軽水炉の数倍以上となる。

## 7　もんじゅ事故に至るまでの日本の高速増殖炉開発

ここでもんじゅ事故に至るまでの日本の高速増殖炉開発の歴史を概観しておこう。高速増殖炉に限らず、新型原子炉の開発においては、次の四段階の開発ステップが設定されるのが普通である。

（1）実験炉（experimental reactor）
（2）原型炉（prototype reactor）
（3）実証炉（demonstration reactor）
（4）商業炉（commercial reactor）

「実験炉」とは、新型原子炉の基礎技術を開発・検証するための原子炉を指す。「原型炉」とは、将来の実用化を目指す「商業炉」と同じ炉型で、かつすべての要素を完備した電気出力三〇万キロワット程度を目安とする原子炉を指す。その成功により、その炉型の「技術的実証」が、果たされることとなる。「実証炉」は、「商業炉」と同じ炉型で、かつすべての要素を完備した電気出力一〇〇万キロワット程度を目安とする原子炉を指す。それは一品生産品であるため割高であるが、設計の簡素化と量産によるコストダウン効果を見込めば、軽水炉に匹敵する経済性をもつことを目指している。すなわち「経済的実証」が、「実証炉」の目的である。

日本の高速増殖炉開発の起点は、原子力委員会の最初の長期計画に当たる「原子力開発利用長期基本計画」（一九五六年長計）である。そこでは原子力開発の目標として「増殖型動力炉の国産化」が掲げられ、その運転開始目標時期は一九七〇年とされた（ただし高速増殖炉だけでなく熱中性子型増殖炉も想定に含まれていた）。一九六一年長計ではじめて、高速増殖炉の実用化という目標が明記されたが、具体的な開発計画の発足は遅れた。ようやく一九六六年に原子力委員会は高速増殖炉開発計画を決定し、ナショナルプロジェクトとして具体化することとなった。その推進母体として、動力炉・核燃料開発事業団（略称：動燃）が、一九六七年一〇月に設立された。

原子力委員会の一九六七年長期計画では、次のようなロードマップが掲げられた。実験炉（熱出力一〇〇ＭＷ程度）を昭和四〇年代半ばまでに建設し、原型炉（電気出力二〇〇〜三〇〇ＭＷ程度）を昭和五〇年代初期（一九七〇年代後半）までに完成させ、さらに実証炉の段階をへて（電気出力と完成時期の指定はない）、昭和六〇年代初期（一九八〇年代後半）に実用化を達成する、というシナリオである。だが約五年毎に主力装置を更新し開発ステージを上げていくというスケジュールは非現実的なものだった。なぜなら発電用原子炉については建設期間だけでも五年程度は要するからである。立地地域の同意や許認可に要する期間も数年以上となる。さらに新しい大型の主力装置を設計するためには、現ステージの主力装置の運転実績を踏まえる必要があり、そのためにも数年程度の期間を要する。これらを足し合わせれば開発ステージをひとつ上げるのに最短一五年程度は必要である。約五年毎に主力装置を更新し開発ステージを上げるというのは机上の空論であった。

このロードマップの最初の里程標である発電設備をもたない実験炉「常陽」（熱出力五万／七万五千ｋＷ、のちに一〇万ｋＷ、さらに一四万ｋＷへと炉心を交換）は、一九七〇年に建設が始まり一九七七年に臨界試験に成功した。ここまではほぼ順調だった。しかし次のステージに位置する原型炉「もんじゅ」（電気出力二八万ｋＷ）の建設計画は遅延を重ねることとなった。その本格着工は一九八五年である。その六年後の一九九一年四月に機器据え付けが完了した。さらに翌一九九二年一二月に「もんじゅ」は、最終段階の試験である性能試験（試運転）を開始し、一九九四年四月臨界試験に成功した。

一九九四年四月のもんじゅ臨界達成により、欧米に対して約二〇年遅れたものの、日本の高速増殖炉開発は実用化への重要なステップを刻んだかに見えた。一九九四年長期計画にも、強気の実用化計画が示された。そこでは高速増殖炉は「将来の原子力発電の主流」にしていくものとしての地位を与えられ、「二〇三〇年頃までには実用化が可能となるよう技術体系の確立を目指」すという方針が示された。

もんじゅに続く実証炉についても、電力業界傘下の日本原子力発電による建設計画が、政府計画として掲げられた。電力業界は一九八〇年頃よりメーカーの助力を得て、実証炉の設計研究を開始した。その途上の一九八五年、電力業界により建設運転主体として日本原子力発電（原電）が指名された。そして一九九二年、電気事業連合会（電事連）はトップエントリー方式ループ型炉（電気出力六七〇MW）の予備的概念設計書をまとめた。九四長計では、それを二〇一〇年頃までに完成することが勧告された。一九六〇年代末のロードマップと比べると大幅に遅れているものの、なお強気のロードマップだった。

## 8　もんじゅ運転再開へのいばらの道

だが一九九五年一二月、もんじゅはナトリウム漏洩火災事故を引き起した。この事故を契機に、高速増殖炉開発そのものの在り方も再検討の俎上に載せられた。その表舞台は一九九七年一月末に発足した原子力委員会高速増殖炉懇談会（FBR懇談会、通称F懇）であり、筆者は委員に任命された。それは筆者にとって原子力関係の政府審議会委員をつとめる最初の機会となった。それから今日（二〇一五年）まで足かけ一九年にわたり、筆者はほぼ隙間なく原子力政策関係の種々の審議会委員をつとめている。

高速増殖炉懇談会は計一二回の審議を行い、一九九七年一二月一日に報告書をまとめた。それは一五名の委員による多数意見と、一名の委員（筆者）による少数意見の併記という形でまとめられた。多数意見の中で提言された、新たな高速増殖炉サイクル技術研究開発政策の要点は、次の三点にまとめることができる。第一に、高速増殖炉を将来のエネルギー源の選択肢として位置づける。第二に、原型炉もんじゅの運転を再開する。第三に、実証炉以降の計画は白紙とする。なお少数意見の骨子は、高速増殖炉の実用化計画を中止し、もんじゅの研究炉としての利用の可否について改めて検討すべきというものだった。報告書を受理した原子力委員会は一二月五日、「今後の高速増殖炉研究開発の在り方について」を決定し、その中で「懇談会報告書の結論は妥当と判断し、今後は同報告書を尊重して高速増殖炉開発を進める」との方針を示した。

この新たな方針は以下の二点において、従来の日本の高速増殖炉政策の大きな転換を意味していた。第一に、高速増殖炉はひとつの選択肢へと格下げされた。一九九四年六月の原子力開発利用長期計画（九四長計）では、高速増殖炉は「将来の原子力発電の主流にしていくべきもの」と位置づけられているが、それと懇談会報告書の記述との落差は顕著である。第二に、実証炉以降の計画が白紙とされた。一九九四年の長期計画には、二〇三〇年頃という実用化目標時期が明記され、実用化途上において実証炉1号炉および2号炉の二基を建設することが明記され、さらに実証炉1号炉としてトップエントリーループ型を採用し、二〇〇〇年代初頭に着工すること（つまり二〇一〇年頃に完成すること）が明記されていたのだが、これらは全て白紙撤回され、実用化目標時期そのものも消滅した。

それでも高速増殖炉懇談会答申は、もんじゅ運転再開にお墨付きを与え、関係者は安堵した。運転再開へ向けての活動が本格化するのは、二〇〇〇年長計策定と中央省庁再編をはさんだ二〇〇一年からである。この年六月にサイクル機構は、福井県と敦賀市の了承を得て、原子炉設置変更（安全性を高めるための改造工事実施）許可申請を経済産業省に提出した。そして二〇〇二年一二月に待望の許可が下りた。サイクル機構の目論見では、福井県知事と敦賀市長の同意を得て二〇〇三年から改造工事を始め、さらに県知事と市長の同意を得て二〇〇五年春、「性能試験」（運転）を再開することとなっていた。

ところが二〇〇三年一月二七日、もんじゅに対する行政訴訟の控訴審判決が名古屋高等裁判所金沢支部によって言い渡され、原子炉設置許可処分の無効が判示された。原告側関係者やマスメディア関係者の間では違法判決が出ることは予想されていたが、無効判決は多くの関係者の予想をこえるものだった。これによりもんじゅの運転再開に黄信号がともったが、核燃料サイクル開発機構はそれにもめげず改造工事の準備と地元自治体への説得工作を進めた。二〇〇五年五月三〇日に最高裁判決において、高裁の設置許可無効判決が破棄されたのを受けて、核燃料サイクル開発機構（その翌月から日本原子力研究開発機構）は二〇〇五年九月、もんじゅ改造工事の本体工事を開始した。本体工事は順調に進められ二〇〇七年五月に終了した。

にもかかわらずその後三年間にわたり運転はかなわなかった。機器の故障・トラブル、ＭＯＸ燃料の劣化（核分裂性のプルトニウム２４１は一二年の半減期でアメリシウム２４１へと壊変していく。そのためＭＯＸ燃料は時間の経過とともに核分裂物質の比率が徐々に減っていく）などにより運転再開は四回も延期されたからである。ついにもんじゅは二〇一〇年五月六日、停止後から一四年ぶりに運転再開し、五月八日に臨界に達した。だが試験運転再開後も小さなトラブルが続出した。そして八月二六日、核燃料交換時に用いる重さ三・三トンの炉内中継装置をクレーンで吊り上げたときに、炉内中継装置が原子炉容器の底部めがけて落下する事故が起こった。その回収に成功したのは、福島原発事故後の二〇一一年六月二四日となった。だが福島原発事故をはさんで、もんじゅ再稼働をめぐる政治的・社会的環境は一変していた。

## 9 福島原発事故後の泥沼状態

福島原発事故を受けて日本では、首相官邸の慎重姿勢とそれに対する国民の指示を背景として、停止中の原子炉の再稼働は、もんじゅを含め困難な情勢となっていた。再稼働に関して誰もが正当と認めるルールを再構築できない状況がしばらく続いたのち、ようやく原子力規制委員会が二〇一二年九月に発足し、二〇一三年七月に実用発電用原子炉について新規制基準を定めた。しかしもんじゅ（高速炉）に関する新規制基準は二〇一五年春の時点で決定していない。原子力委員会がその策定を急がないのは、もんじゅが近いうちに適合性審査を申請できる状態にないからである。

二〇一二年一一月、もんじゅで一万点を超える大量の機器の点検漏れが発覚し、日本原子力研究開発機構の鈴木篤之理事長が辞任に追い込まれた。それを受けて二〇一三年五月、原子力規制委員会は日本原子力研究開発機構に対し、原子炉等規制法に基づき、もんじゅの無期限の再開準備禁止を命じた。日本原子力研究開発機構は、再開準備禁止の命令解除へ向けての作業を進めているが、申請の都度、点検漏れを指摘されている。さらに命令解除が実現しても、破砕帯調査により付近の活断層の状態をチェックする必要がある。それだけではない。命令解除されれば高速炉に関する新規制基準が原子力規制委員会により策定されることとなるが、その適合性審査をクリアしなければならない。これらの要因により、もんじゅの試験再開時期については二〇一五年春現在、見通しが立たない状況である。

もんじゅは未だに「建設中」である。つまり運転に必要な性能試験（四〇％出力プラント確認試験、および出力上昇試験）を終えていない。一九九四年四月に初臨界を達成してから二〇年以上も延々と試験運転ステージにとどまり続ける原子炉は、世界的にも前代未聞である。ちなみにもんじゅ事故発生（一九九五年）から改造工事を始めるまでの一〇年間は毎年一〇〇億円程度、二〇〇五年から二〇一四年までの一〇年間は二〇〇億円程度の国費を使っている。もんじゅ事故から二〇年で通算約三〇〇〇億円を要した勘定となる。もんじゅの建設費は二八万キロワットの電気出力の原子炉としては破格の約六〇〇〇億円（一〇〇万キロワット級軽水炉の約二倍）だったが、建設費の半額に相当する金額をナトリウム漏洩火災事故後の維持費に使っているのである。

筆者は一九九七年末に高速増殖炉懇談会の報告書の内容が確定したとき、相当の達成感を覚えていた。もんじゅにつづく実証炉計画が白紙となり、実用化へのロードマップが消滅するという明確な計画後退が実現したからである。もんじゅについては、かつて原子力船むつが存続を危ぶまれながらも一九九一年から九二年にかけて四回の実験航海を実施してのち廃止されたのと同様に、一定期間の「実験運転」をさせてあげたのちに廃止し、もんじゅに関する博物館的な技術保存センターを作り、そこに「実験データ」も収めるといった結末でもよいと考えていた。しかし二〇年後も長期停止を続けることは想定外だった。高速増殖炉懇談会でもんじゅ廃止を決定していれば、約三〇〇〇億円もの無用の支出は避けられた。

「せっかく大金をかけてもんじゅを造ったのに、今やめてしまうのは勿体ない」と西澤潤一座長が発言したのに対し筆者は、（高速増殖炉の実用化という）博打に勝つか負けるかは、過去の履歴とは関係なく確率論で決まるものであり、もともとこの博打は勝ち目はない。過去の損失を取り返そうと力んで博打を続けても損失がますます増えるおそれがある、と冷やかに指摘したことがある。この指摘は的中してしまった。この上まだ損失を積み上げようというのだろうか。

## 10　実用化ロードマップの再消滅

今まで見てきたように、一九九五年のナトリウム漏洩火災事故後、もんじゅ建設は昏迷を続けた。また世界的にも高速増殖炉開発の復活の動きがみられなかった。にもかかわらず二〇〇五年、高速増殖炉開発の実用化ロードマップが突如復活した。原子力委員会が同年まとめた原子力政策大綱において、実用化目標時期が復活するとともに、実証炉建設計画の再構築の方針が決まったのだ。そこでは二〇一五年ころから「高速増殖炉サイクルの適切な実用化像と二〇五〇年頃からの商業ベースの導入に至るまでの段階的な研究開発計画について二〇一五年頃から国としての検討を行う」方針が示された。

高速増殖炉の導入時期については、軽水炉の寿命を六〇年とし、既存の原子炉が新たな原子炉によってリプレイスされると仮定し、次のリプレイス集中期（二〇三〇年から二〇五〇年代半ば）の後半にかろうじて間に合う時期として、『二〇五〇年頃から商業ベースでの導入を目指す』という時期設定が行われた。しかしその技術的・経済的な実現可能性は議論さえされなかった。導入可能な最短のタイミングだけが考慮された目標時期設定だった。この時期を逃せば次々回のリプレイス集中期が始まるのは計算上二〇九〇年前後となるが、そこまで遅らせるのでは悠長すぎて国家計画の体をなさないので、無理やり二〇五〇年という年号を書いてみただけのことである。

さらに二〇〇六年の経済産業省総合資源エネルギー調査会原子力部会報告書「原子力立国計画」では、計画が前倒しとなり、高速増殖実証炉建設を二〇二五年頃までに実現すると書かれた。原子力委員会も二〇〇六年一二月二六日、原子力立国計画にまるごと準拠した「高速増殖炉サイクル技術の今後一〇年程度の間における研究開発に関する基本方針」を決定した。そこでは「二〇五〇年頃から商業ベースでこの技術を導入することを目指す」という方針が再確認され、二〇〇八年度にもんじゅ運転を再開し、二〇一五年に「高速増殖炉サイクルの実用施設及びその実証施設の概念設計並びに実用化に至るまでの研究開発計画」を提示することが明記されている（前年の政策大綱では二〇一五年頃から検討開始となっていた）。「その後一〇年程度で実証施設を実現する」との記述もある。このように実際の開発に何ら進展が見られないのに、実用化計画だけが奇妙な復活を遂げたのである。二〇一〇年六月のエネルギー基本計画にもそれは踏襲された。

しかしながら二〇〇五年に復活した高速増殖炉の実用化ロードマップは、福島原発事故により再び消滅した。二〇一四年四月のエネルギー基本計画においては、「もんじゅについては、廃棄物の減容・有害度の低減や核不拡散関連技術等の向上のための国際的な研究拠点と位置付け、これまでの取組の反省や検証を踏まえ、あらゆる面において徹底的な改革を行い、『もんじゅ研究計画』に示された研究の成果を取りまとめることを目指」すとされている。つまりプルトニウムを増殖しない高速研究炉（高速中性子を連鎖反応に用いる研究炉）として活用することに主眼が置かれ、実用化目標時期は消えている。

参考までに今までの高速増殖炉実用化ロードマップの歴史的変遷をたどってみたい。

これをみると、時代が下るにつれて、時間経過を上回るペースで、実用化目標時期が後退し続けてきたことがわかる。そして一九九七年以降は、実用化目標時期そのものが消滅し、二〇〇五年に一時復活したものの二〇一四年に再消滅していることがわかる。

| 長期計画等 | 原型炉完成 | 実証炉完成 | 実用化 |
|---|---|---|---|
| 一九五七年 | 〔記述なし〕 | 〔概念なし〕 | 一九七〇年頃 |
| 一九六一年 | 〔記述なし〕 | 〔概念なし〕 | 一九七〇年代 |
| 一九六七年 | 一九七六年頃臨界 | 〔概念未確立〕 | 一九八〇年代後半 |
| 一九七二年 | 一九七八年頃臨界 | 一九八〇年代前半 | 一九八五〜九五年 |
| 一九七八年 | 一九八五〜六年 | 一九九〇年代前半 | 一九九五〜二〇〇五年 |
| 一九八二年 | 一九九〇年頃臨界 | 一九九〇年頃着工 | 二〇一〇年代 |
| 一九八七年 | 一九九二年頃臨界 | 一九九〇年代後半着工 | 二〇二〇年代 |
| 一九九四年 | 〔臨界達成〕 | 二〇〇〇年代初頭着工 | 二〇三〇年頃 |
| 二〇〇〇年 | 運転再開 | 〔記述なし〕 | 〔記述なし〕 |
| 二〇〇五年 | 運転再開 | 〔記述なし〕 | 二〇五〇年頃 |
| 二〇一〇年 | 運転再開 | 二〇二五年頃 | 二〇五〇年頃 |
| 二〇一四年 | 運転再開 | 〔記述なし〕 | 〔記述なし〕 |

時代が下るにつれて、時間経過を上回るペースで、実用化目標時期が後退し続けるという現象は、宇宙物理学におけるハッブルの法則を連想させる。アメリカの宇宙物理学者エドウィン・ハッブル（Edwin

Hubble）は一九二九年、我々の銀河から遠方の銀河ほど、その距離に正比例する後退速度で遠ざかっていることを発見し、この法則を打ち立て宇宙膨張の定量的記述に成功した。このような銀河間の距離拡大は物質的な運動によるのではなく、物理空間自体の拡大による。そのため遠ざかる速度は光速を超えても差し支えない（アインシュタインの相対性理論は真空中の光速を上回る速度での物質の移動を否定しているが、物理空間の拡大速度に上限があるとは主張していない）。

そして光速を超えて遠ざかる銀河からは、光でさえも我々の銀河に到達することはなくなる。我々に光信号が届かなくなる距離を「事象の地平線」という。これになぞらえれば高速増殖炉開発は、時間の経過とともに、より遠い未来へと後退し、やがて「事象の地平線」に達した、つまり実用化目標時期そのものが消滅したのである。日本の高速増殖炉開発はまさにそのような経過を辿ってきたと思われる。

## 11　高速増殖炉開発難航の背景

世界的には原子力発電の草創期より、高速増殖炉は将来のエースとして期待され、アメリカを先頭に実験炉開発が進められてきた。そして一九六〇年代後半に入ると、実用化を射程に収めた研究開発計画が先進各国でスタートし、原型炉建設計画が始まった（一九六一年に完成したアメリカのエンリコ・フェルミ高速増殖炉は、「原型炉」と称されていたが電気出力はわずか六・一万キロワットで、商業炉が一〇〜二〇万キロワット程度だった原子力発電草創期にのみ適合する呼称であり、今日の常識に照らせば実験炉相当である）。

一連の原型炉は一九七〇年代前半に完成し、運転を開始した。イギリスの高速原型炉ＰＦＲ、フランスのフェニックス、ソ連のＢＮ－３５０の三基である。しかし実用化へ向けてのペースは、一九七〇年代半ば以降、世界的に鈍化した。最も早く手を引いたのはアメリカで、原型炉CRBR計画を一九七七年に中止した。他の先進諸国では一九八〇年代に入ってからも高速増殖炉の研究開発は継続された。英・仏・ソに加えてドイツと日本でも各々、原型炉SNR－300ともんじゅの建設計画がスタートした。しかし一九八〇年代半ば以降、高速増殖炉研究開発は次第にじり貧状態に陥っていった。史上唯一の実証炉スーパーフェニックスを建設したフランスも、一九九七年にその廃止を決定した。二一世紀に入ってもじり貧状態からの脱却の兆しはみられない。欧米先進国は政府もメーカーもすべて、実用化へ向けての開発計画から撤退している。開発を継続しているのはロシアとインドのみである。中国もロシアから購入した実験炉を保有する。いずれも核兵器保有国である。

そうした世界的な難航の基本的理由は、第6節で述べたような高速増殖炉の技術的特性ゆえに、電力会社が購入に興味を示すような低価格の原子炉と核燃料を供給できる見込みが立たなかったことである。高速増殖炉といえども実証炉ステージからは商業炉の一種であり、電力会社は確実な利益を見込めなければメーカーから購入することはない。政府が巨額の税金を投入して開発を支えることができるのは原型炉ステージまでである。その市場化に一度失敗すれば、二度目の原型炉開発のための国家プロジェクトはほとんど不可能となる。単刀直入に言えば、電力会社の購買意欲を強く刺激するような高速増殖炉の開発に、各国のプロジェクトは軒並み失敗したのである。その背景には、高速増殖炉の技術的・経済的難点がある。

このようなものを電力会社が歓迎するはずはない。それは日本でも例外ではない。しかも高速増殖炉は安全保障リスクが格段に高いため、電力会社は余計な核不拡散や核物質防護上の制約を課せられることとなる。しかも核兵器製造に直結する技術であるだけに、国際政治情勢の変化による影響を受けやすい。

メーカーにとっても高速増殖炉は魅力がない。何よりも自国の電力会社に買う意思がない。また国際的にも販路がきわめて限られている。前述のような高速増殖炉の技術的特性からみて、高速増殖炉をひとたび保有した国は、ブランケットの照射済核燃料を炉心の使用済核燃料と混ぜずに単独で再処理することにより、理想的な原爆材料を容易に手にすることができるため、世界中に高速増殖炉が普及することは自動的に、潜在核保有国が無数に出現することを意味する。

それが高速増殖炉サイクル技術の実用化の前に立ちはだかるもうひとつの障害である。つまり核兵器保有国以外に対して、高速増殖炉を輸出することは実質的に不可能である。さらに言えば、核兵器保有国の中でも互いに同盟国でなければ、高速増殖炉貿易は成立しないであろう。もちろんそうした安全保障以前の問題として、営利追求という観点からの購買意欲を刺激する商行為として成立し得るかというより根源的な問題があることは言うまでもない。

## 12　高速増殖炉開発の行方

もんじゅは「飛べない不死鳥」のようだ。一九九二年に建設完了して以来二三年も経つのに、まだ満足に動いておらず、試運転に相当する「性能試験」のステージに居座り続けている。通常の技術開発プロジェクトならば、ロードマップに数年以上の遅延が生ずれば廃止されて当然であるが、単籠もり状態のまま二〇年以上も生き続けている。

高速増殖炉は所詮はウラン節約型の原子炉に過ぎず、それ以上でも以下でもない。ウラン資源は地球上に豊富にあり、ウラン節約型の高速増殖炉が、今日の軽水炉による市場独占体制に割り込むためには、再処理工場などのインフラ施設やその管理・防護のコストも含めシステム全体として明確なコスト上の優位を獲得する以外にはない。その目標にチャレンジするためには、経営リスクを背負う企業家が出現するしかないが、その可能性は限りなくゼロに近い。国家財政に全面的に依存しつつ、増殖率の机上の計算によって「千年エネルギー」の利点について語るのはむなしい。

このプロジェクトに初期から関わった技術者・技能者の大半はリタイアしている。現在もんじゅの面倒を見ている技術者・技能者たちの中には、なぜ自分たちが先輩たちの作った「我儘で気難しいすねかじり坊主」を後生大事に守っていかねばならないのか、自問自答の日々を送られている方々も、少なくないだろう。二〇〇〇年代後半以降のもんじゅ再稼働へ向けての日本原子力研究開発機構の必死の活動にもかかわらず、多数の機器の点検漏れが発覚するなど不始末が絶えず、再稼働への道筋がいっこうに開けないことの背景には、技術者・技能者たちの士気低下があると思われる。

それでも政府は、もんじゅ再稼働を強く指向している。当面は高速研究炉としての活用に力点を置いているものの、高速増殖炉としての復活可能性を否定しているわけではなく、その実用化目標時期の復活可能性も捨ててはいない。実際、文部科学省が二〇一三年に作成した「もんじゅ研究計画」には「高速増殖炉としての成果の取りまとめを目指した研究開発」が冒頭に掲げられている。筆者が委員として参加している経済産業省総合資源エネルギー調査会の電力・ガス事業部会原子力小委員会でも二〇一四年秋、「高速炉から高速増殖炉開発への円滑な移行」という表現を「中間整理」(二〇一四年一二月)に書き込もうとする動きがあった。さすがにそれは取り下げられたが、とにかく適当な理由を付けてもんじゅを延命させ、福島原発事故のほとぼりが覚めるのを待って、いずれ高速増殖炉に主眼をおく計画に戻し、実用化目標時期を復活させることが関係者の悲願であるに相違ない。

高速増殖炉開発の後発組であるロシアやインドの動きに言及しつつ、日本でも高速増殖炉開発を続ける必要があると説く原子力関係者が少なくないが、欧米先進国が悉く失敗した技術開発が、ロシアやインドで成功するとは思えない。そうした失敗予備軍を追いかける必要はない。仮想の競争相手（仮想敵）を挙げて、自国政府に技術開発への補助・支援を訴える論法は、予算獲得を狙う者の常套手段である。しかしこれは当該技術が実用技術として真に優れたものとなる可能性があり、また仮想敵といわれるロシアやインドの高速増殖炉が真に市場経済における強敵となる可能性がある場合にのみ、妥当性をもちうる論法である。だが高速増殖炉にはどちらの条件も当てはまらない。

# 第10章　信頼すなわち相互監視——情報セキュリティをめぐって

名和小太郎

## 1　はじめに：法は不知を許さず？

この小論においては、老技術者の法制度観を述べてみたい。私は法制度を技術とともに社会を支える大切なシステムだと理解している。だが、技術者の眼でみると、法制度には奇妙な点が少なくない。それをできるだけ即物的に示してみたい。だから、論点をなるべく情報セキュリティに当てるつもりである。対話篇と重なる記述もあるが、その注釈ということで、お許しいただきたい。

ただし、私は法律についてはレイパーソン（5・3参照）、つまり非専門家である。だが、こと、情報セキュリティについては、レイパーソンにせよ法律にたいして無関心を通すことはできない。【注1】「法は不知を許さず」という法諺もある。この法諺は刑法に由来するようだが、レイパーソンにとっては法律の全域におよぶのではないか、とも見える。

【注1】私的な経験を一つ。なぜ私が法律に関心をもったのか。それは、一九七〇年代に私が開発にかかわった

コンピュータ・ネットワークについて、当時の通商産業省は優秀システムとして表彰し、当時の郵政省は運用の即時停止を命じたからであった。表彰されたのは、それが分散型のネットワークとして日本最初の実用システムであったためであり、運用停止を命じられたのは、このシステムの機能が公衆電気通信法違反であると見なされたためであった。おなじ技術的な成果に対して日本の二つの行政機関はまったく相反する評価をしたことになる。

このときに、同一の技術的成果に対して、いっぽうの役所は「オンライン情報処理システム」と、もう一つの役所は「データ通信システム」と呼んだ。「情報処理」であれば公衆電気通信法の外、「通信」であれば公衆電気通信法の内となる。付け加えれば、公衆電気通信法は通信事業を電電公社のみに許す法律であった。法律に不案内であった私は、詳細の事情は省くが、ここで法律にある「慣行」という「禁忌」に触れてしまったのであった（5・2・1参照）。

この時期、情報システムの利用法は大きく変貌しつつあった。それまでは、ユーザーは中央にある大型コンピュータを共同利用する方式であった。そのためにタイム・シェアリングあるいはマルチプログラミングという方式が普及していた。

いっぽう、新しく出現したコンピュータ・ネットワークという方法は、分散配置されたコンピュータ群をネットワークによって相互接続し共同利用するものであった。それは、すでにＩＢＭのＳＮＡ（システム・ネットワーク・アーキテクチャー）として商用化され、さらには合衆国国防総省のアーパーネット（インターネットの原型）として試験的に運用されていた。私の開発したシステムは後者をモデルとしたものであった。

いま、私は法律に触れたといったが、その私は電電公社（現ＮＴＴ）の求める手順にしたがって通信回線の利用を申し込み、それを正式に受理されていた。この行き違いは、技術というものは、伝統的な制度のなかでも禁忌破壊的なことをしでかすことができる、ということを意味した。それは通信回線利用の専門家集団であった電電公社にも想定外のことだったのだろう。このとき私は「よい慣行はよい法」という法諺を知った。

## 2　情報の奇妙さ

### 2・1　レイパーソンの理解

そもそも既存の社会には「ハードウェア&ソフトウェア」という複合商品は存在しなかった。そこにあるエンティティ（実体）は、「モノ」（つまりハードウェア）か「サービス」か、であった。これを、まず、確かめておこう。

つまり技術とは、その原型としては、モノまたはサービスという商品を作りだすための知識の集積（技術体系？）であった。モノに関する技術、サービスに関する技術については、これまでの社会は素直に受け入れてきた。ここに情報にかんする技術、情報にかんする商品が出現してきたことになる。

ここでモノとサービスとを比較しつつ、情報の特徴を**表1**として紹介しておこう。この表は井原哲夫氏がモノとサービスについて作成したものを、私なりに大幅に拡張し、情報を含めて再構成したものである。表1についての説明は省くが、つぎの二点は確認しておきたい。

（1）モノとサービスとはその特性を大きく異にしている。

（2）情報はモノとサービスとのいずれとも異なる特性をもつ。

既存の法律は、モノとサービスとを峻別し、情報を無視してきた。

| | モノ | サービス | 情報 |
|---|---|---|---|
| 交換対象として | 資源そのもの | 資源の機能 | 資源、機能のタグ |
| 交換形態として | 所有権の移転 | 機能の授受 | モノあるいはサービスと仮想 |
| 会計概念として | ストック | フロー | ストックとしてもフローとしても |
| 空間概念として | 時間を越えて存在 | ある時間に存在 | 広域に伝達しうる |
| 時間概念として | 空間を越えて存在 | ある空間に存在 | 長期に蓄積しうる |

**表1　モノ、サービス、情報（原型：井原哲夫、再構成：名和小太郎）**

情報技術はモノとサービスのみならず情報も扱う。その意味では既存の技術や制度と重なりあいながら、情報という人工物を制御している。

たとえばソフトウェア。それは情報技術の中心にある存在だが、その効用は知的財産法によってモノと同一視され（日本の特許法はソフトウェアをモノと定義）、その欠陥は製造物責任法によってサービスと同一視されその対象外となる。つまり、ソフトウェアは、効用は保護されるが、欠陥については責任を問われることはない。（ここで語ることは、第一次近似としてであり、現実には、その効用と欠陥に関する当否は、非法律家には理解できないほど洗練かつ精緻な論理で処理される。）おなじソフトウェアがときと場合によって異なる扱いを受けるのは、その社会的な役割、その社会的な評価に経路依存性があるためだろう（7・2参照）。

## 2・2　情報システムの扱いにくさ

情報システムはハードウェアとソフトウェアとから構成されている。そしてコンピュータ・ネットワークのサブシステムという形で社会に実装されている。そのコンピュータ・ネットワークは「コネクティビティ」をもつ多くのエンティティ（利害関係者）を相互接続することで（3・2参照）、そのシステムに乱れ、つまり不具合を引き込む。以下、これについて考えてみたい。

### 2・2・1　ソフトウェアの奇妙さ

『コンピュータ・コントラディクショナリ』（一九九五年）によれば、ハードウェアは「システムの気楽な部分」、ソフトウェアは「システムの厄介な部分」と示されている。（『コンピュータ・コントラディクショナリ』はいわばコンピュータ分野の『悪魔の辞典』である。）上記の「気楽さ」と「厄介さ」を私なりに分析し敷衍すると、**表2**のようになる。ここから見えてくることはソフトウェアが奇妙な存在だ、ということである。

| | ハードウェア | ソフトウェア |
|---|---|---|
| 出荷時の形 | 完成品として | 不完全品として |
| 出荷時の製品品質 | 統計的なバラツキあり | まったく同一<br>公差なし |
| 出荷後の品質保証 | なし<br>↓出荷後しだいに劣化 | あり（一定期間）<br>↓出荷後しだいに向上 |
| 欠陥の特性 | 利用時につねに出現 | 利用時に散発的に出現 |
| 製作方法 | 機械による量産 | 人手による一品生産<br>&機械による複製 |
| 価　格 | 有　償 | 有償あるいは無償 |
| レイパーソンによる複製 | 不可能 | 可　能 |

**表2　ハードウェア対ソフトウェア**

ここで、プロダクトの脆弱性という視点から、ソフトウェアの特性を示しておく。情報通信分野におけるプロダクトは、コンピュータ・システムはもちろん、通信ネットワークも、そこにソフトウェアを内蔵している。このソフトウェアというプロダクトは、ハードウェアにはみられない固有の特性をもっている。それは、つぎの二つの特性を併せもっている。

（1）膨大な部品数から構成される精密機械のようなプロダクト（例、ロケット・エンジン）。

（2）量産品として生産されるコモディティ（例、自動車）。

問題は、（1）に対しては、十分な品質管理が必要ということである。ロケット・エンジンにはミルスペック（合衆国の軍用規格）がある。つまり、それは徹底したトップダウン方式によるプロダクトでなければならない。だが、ソフトウェアはこの要件を欠いている。トップダウン方式の必要性は説かれているが（2・2・2参照）、そして「伽藍方式」あるいは「ウォータフォール・モデル」というジャーゴンもあるが、その成功例を私は知らない。

いっぽう、（2）に対しては、そのプロダクトが量産され、完成品として出荷されなければならない。この点についてみると、ソフトウェアの量産は、最初のプロダクトが一つあれば、あとはネグリジブル・スモールのコストでいくつでもコピーできる。レイパーソンであってもコピーできる。ただし、最初のプロダクトが完成品ということはない。つまりそれは欠陥（バグ）をかならず含む。付け足せば、コンピュータの機能のどこまでをハードウェアで実現でき、どこから先をソフトウェアで実現できるかは、その時点の技術水準とコストで決まる。

### 2・2・2　ソフトウェア工学：傍観者の理解

私はソフトウェア開発の現場から離れて四〇年以上もたつ。だから黙っていたほうが無難ではあるが、腑に落ちないことがある。それはソフトウェア開発についての現在のテキストや業界のマニュアルをみると、四〇年まえと違わないという事実だ。目まぐるしい変化に巻き込まれている情報通信分野の中核技術であるだけに、奇妙である。この間、パッケージ化（量産化）、オブジェクト指向（部品化と再利用）、JAVA言語（開発環境の汎用化）、オープンソース（共有化）など、ソフトウェア開発にかかわるあれこれの展開があったことは承知しているのだが。

一九七五年、フレデリック・ブルックス（IBMのチーフ・プログラマー）が『人月の神話』という本を出版した。たしかカバーに泥沼に足をとられて身動きできない恐竜の画が印刷されていた。著者の主張は、そのタイトルとカバーの画で推測できるだろう。つまり、人手をかけただけではよいソフトウェアを製作できないという主張だ。この本は二〇世紀末に再刊されたので、事情はその間、大幅には変わっていなかったということだろう（第2章参照）。二一世紀になっても、ソフトウェアの事故をくり返す巨大システムが少なくない。

もう一つ不思議なことがある。一九六〇年代末であったか、NATO（北大西洋条約機構）の科学委員会が呼びかけ、ここに名だたるプログラマーが集まり（『人月の神話』の著者も含めて）、ここでソフトウェアの開発手法について議論がなされた。NATOの会議ではプログラミングという作業を組織的つまり工学的に実施できるかが議論されていた。「ソフトウェア工学」というジャーゴンがこのときに生まれた。この会議資料は、いまでこそインターネットで検索できるが、当時はアクセスすることが困難であった。日本の第一号プログラマーともいうべき山本欣子さんが入手されており、それを見せていただいた記憶がある。そこには、ソフトウェア開発は少数精鋭でやれ、という主張が示されていた。最近、聞いたことであるが、グーグルのソフトウェア開発は、少数精鋭、ただし生産と検査とを峻別せよ、という方法のようだ。つまり、NATOの反工学的な方法をそのまま活かした形とも見える。

## 3　コンピュータ・ネットワークの管理

ここで管理というキーワードを中心において、情報システムを考えてみたい。まず、個々のコンピュータがある。つぎに、個々のシステムを接続するインフラストラクチャーとしての通信ネットワークがある。現在の情報システムはこの二つを一体としたコンピュータ・ネットワークである。この二つのサブシステムは、管理という視点でみると、いずれも時代とともに脆弱化してきた。

### 3・1　二つのサブシステム：水と油

情報システムはさまざまな形のコンピュータ・ネットワークとして、すでに、私たちの社会に実装されている。それを支えるコンピュータ・システムと通信ネットワークの特徴を**表3**に示す。**表3**によれば、二つのサブシステムは水と油の関係にある。

| | コンピュータ・システム | 通信ネットワーク |
|---|---|---|
| 例示 | 汎用コンピュータ、パソコン、携帯電話用端末 | 固定電話網、携帯電話網、インターネット、無線ＬＡＮ |
| 役割 | 計算 | 通信 |
| 特徴 | 複雑な論理計算&少数の入出力処理 | 単純な論理計算&膨大な入出力処理 |
| 利害関係者 | 所有者すなわちユーザー | 事業者&不特定多数者 |
| 地理的 | 特定地点に設置 | 広域でサービス（越境もあり） |
| 社会的位置づけ | コモディティ | インフラストラクチャー |

表3　コンピュータ・システム対通信ネットワーク

### 3・2　コンピュータ・ネットワーク：使いやすさ、すなわち脆弱化

コンピュータ・ネットワークの原型は一九七〇年代に開発され、今日に及んでいる。その狙いは計算資源とデータの共同利用にある。

この方式の一つに、クライエント&サーバー方式がある。前者が入出力用のシステムとして、後者がデータ処理用のシステムとして、それぞれ機能を分担し、双方をネットワークで接続するという方式で

あった。これは、当初、単一の組織内に設けられた。だが、それはただちに複数の組織にわたる共同システムとなった。これを「B2B」（ビジネス・トゥ・ビジネス）と呼ぶ。ここまではそのユーザーは互いに顔を認識できる関係にあった。

だが、そのネットワークにインターネットが導入されるようになると、互いに未知の不特定多数者がシステムにかかわるようになる。これを「B2C」（ビジネス・トゥ・コンシューマー）あるいは「C2C」（コンシューマー・トゥ・コンシューマー）と呼ぶ。ここに参加する不特定多数者はあるいは価値観（たとえば信仰）を異にし、あるいはライフスタイルを異にし、あるいは国籍を異にするだろう。

二一世紀のゼロ年代に入ると、携帯端末、さらには巨大なコンピュータが実用化される。前者をクライアントとして活用するものがたとえば「スマホ」、後者をサーバーとして利用するものが「クラウド・コンピューティング」となる。

コンピュータ・ネットワークの信頼性であるが、それは複数のシステムが相互にバックアップできるという点では信頼性を高める。だが、それらのシステムを仲介するネットワークがインターネットであるという点では、このネットワークが「ベスト・エフォート」で運用されること（3・3・2参照）、それが不特定多数者に接続されていることにおいて（3・3・1参照）、その信頼性を損なう。

### 3・3　キーワード

情報システムの脆弱性を理解するためには、三つのキーワードが必要である。それは「統制の限界」と「ベスト・エフォート」そして「グーグル化」である。いずれも、一望監視が成り立たないことを、また参加者の能力にバラツキがあることを示唆するものである。

### 3・3・1　統制の限界

「統制の限界」（スパン・オブ・コントロール）という言葉がある。【注2】同時に処理できるジョブの数には限界がある、ということを指す。その数は「7±2」であるというのだ。この7を心理学者のジョージ・ミラーは「マジック・ナンバー7」と呼んだ。この「7」がどこまで一般化できるかはさておき、またこの理論が古びたとしても、統制というものについては、これを管理あるいは制御と言い換えてもよいが、それを実現するためには、どこかで線引きをし、ここまでは可能という範囲があるはずである。とすれば、情報システムに対する管理も、対象の数、それは人数、システムの数、ジョブの数であったりするが、その数が大きくなるほど、大きく乱されることになる。

具体的にみると、コンピュータの形は、

汎用コンピュータ↓ミニコン↓パソコン↓スマホ

という流れとともに、低価格化、コモディティ化した。このなかで、利害関係者もともに変化し、そのユーザーは増大し、そのユーザーの中核は専門家からレイパーソンへと移った。

専門家（汎用コンピュータ）↓専門的な素養をもつレイパーソン（ミニコン）↓レイパーソン（パソコ

ン→スマホ端末）

くわえて、このユーザーとしてはエンドユーザーが主体となるが、ここにさまざまなアプリケーションの制作者（事業者も個人もあり）が利害関係者としても参入してきた。「統制の限界」は、個々のユーザーの手から離れ、建て前になった。

付け加えれば、コンピュータは個々の組織、さらには個人の所有するものであり、その所有者がそれぞれ固有の目的をもって運用している。したがって、その管理についても、個々のシステムごとに方式や水準が異なる。ここにいう専門家とはつぎのような環境をよしとする人びとである。マックス・ウェーバーはうまいことを言っている。

鉄道を利用する人は、専門の物理学者でなければ、電車がどういう原理で走るのか全然知りませんよね。知る必要もないわけです。私たちは車両の動きを予測できて、その予測に基づいて行動できれば、それで十分なんです（三浦展訳『職業としての学問』より）。

これでよいのか、という批判はあるだろう。だが、現代の社会はこの理解のうえで動いている（5・3参照）。これが裏目にでたのが理研のスタッフ細胞事件だろう。

コンピュータに話を戻せば、専門家は「コンピュータが人生の全て」とする人、レイパーソンは「コンピュータは人生の些事」とみなす人、と仕分けることもできる。そのレイパーソンのなかには「プロシューマー」（プロデューサー&コンシューマー）として自ら情報の送り手となる人もでてきた。くり返せば、かれらのなかには善意の人も悪意の人も含まれるはずだ。そのプロシューマーのさきには、さらに不特定多数のエンドユーザーが接続している。なお、「プロシューマー」はアルビン・トフラー（未来論者）の造語である。

【注2】私は「統制の限界」という概念を、半世紀前にMTP（マネジメント・トレーニング・プログラム）で学んだ。MTPは占領軍が日本の産業界に残していった下級士官用のマニュアルであった。そこには中間管理者向けのノウハウが詰まっていた。たとえばKJ法（川喜田二郎氏提案）と瓜二つのような情報整理法など。

### 3・3・2　ベスト・エフォート

二〇世紀の初め、通信の世界には、それは固定電話についてであったが、「一つの政策、一つのシステム、ユニバーサル・サービス」という理念があった。「一つの政策」とは事業者が一つということ、つまりそのサービスの責任がだれにあるかが明確であること、「一つのシステム」とは、サービス全体にわたって同一仕様の技術で扱うということ、「ユニバーサル・サービス」とは「だれにも、どこでも、同じ値段で」ということを意味していた。つまり、ここでは通信ネットワークは、公共的な意味をもち、信頼性の高いサービスを提供するインフラストラクチャーであった。

この理念は二〇世紀後半に崩されてしまった。この分野に競争原理が導入され、独占的な事業者による市場支配力は弱まった。日本を含め、国営またはこれに準じる事業者は民営化され、ここに多数の事業者が参入した。同時に、コンピュータ間通信、携帯電話、光通信と多様なサービスも出現した。くわえて、電気通信事業を調整する国際フォーラムとして、在来はITU（国際電気通信連合）という専門機関があったが、ここにGATT（関税と貿易に関する一般協定）のような通信業務についてはアマチュアの組織が割込んできた。こうした動向が重なり、これとともに、電気通信市場は、多種多様な事業者によって分割された。一つの政策も一つのシステムも消えた。ユニバーサル・サービスも死語となった。同時に市場全体の秩序について責任をもつことができる管理者は、つまり一望監視をできる人は、失せた。

一九九〇年代後半になると、インターネットの商用化（一九九五年）とともに、分散的なネットワーク管理が当たり前になった。それはただちに地球規模に拡大した。にもかかわらず、技術的仕様にせよ、制度的な取り決めにせよ、その導入はボランティアの人びと（公的な組織の代表者ではない個人）の手によって進められた。管理責任は分散化され、あいまいになった。

くわえて、ここには多様な事業者（プロバイダー）が参入した。かれらは、あるいは対等の関係で、あるいは上下の関係で、全ネットワークを運用している。運用の責任はだれにあるのか不明である。ここにある管理方式を「ベスト・エフォート」と呼ぶ。ベスト・エフォートとは、事業者はその提供するサービスの運用に最大限の努力はするものの、それ以上の努力はしないということを指す。裏返せば、その信頼性や品質を一定以上の水準に維持することは保証しない。ユーザーからみれば、ネットワークの信頼性は落ちた。国境も消えた。

ここで改めて、表1、表2、表3を重ねてみてほしい。情報技術の管理が在来のモノ主体の技術に対する管理とどこが違うのか、それを想像、さらには確認できるはずである。

### 3・4　グーグル化

二一世紀になると、通信を含め、多様な多数のアプリケーションを束ねてサービスする事業者が出現し、市場で独占的な位置を占めるようになる。それがグーグルであり、フェイスブックであり、アマゾンである。この型のシステム化をここでは「グーグル化」と呼んでおこう（第4章参照）。

グーグル化を支える技術がクラウド・コンピューティングであり、大規模データ解析である。前者は巨大な計算資源（コンピュータ群）の所有者（運用者でもある）が顧客の情報処理を丸ごと引き受けるものであり、後者は自動収集した膨大なデータから経験則を抽出する技術である。後者の自動収集においては、たとえばユーザーのGPS（グローバル・ポジショニング・システム）のデータが、あるいはライフログなどが使われる。これらを「M2M」（マシン・トゥ・マシン）と呼ぶ。このプロセスに人間の介入はない。エンドユーザーにはシステム自体が不可視となる。

SNS（ソーシャル・ネットワーキング・サービス）もある。まずそれは電話の発展型ともみえる。それは一対多の「呟き」として、「人間の自己表出」を拡散するサービスである。なお「人間の自己表出」とは、「情報」に対して梅棹忠夫氏が示した定義でもある。

つぎに、それは情報の売り手の社会的な格を自動生成する装置でもある。フォローの数やフォロー者の数が、その社会的な格を示すものとなる。フォローはフォローを呼び、梅棹の「お布施理論」は、ここでは自動化され大衆化される。そのお布施理論とは情報の価格が売り手の格と買い手の格で決まるというものであった。さらにここには、遊戯性をもつ立ち入り自由のサービスもある。とすればＳＮＳは脱権利化が徹底した著作物提供サービスともみえる。

もう一つ、グーグル化環境のもとでは、多数者が一つのアプリケーションに参加するが、その「多くの眼」は、当のアプリケーションの信頼性を高めることもあり（例、ウィキペディア）、それを破壊することもある（例、ツイッターによる流言蜚語）。

エンドユーザーからみると、二一世紀初頭の情報サービスは、つぎのようなすぐれた特徴をもっている。

（１）低価格あるいは無料である。
（２）子供でも使えるような、なじみやすいヒューマン・インターフェースをもつ。
（３）多数者の眼に曝される。
（４）サービスのための装置や情報がどこの国にあるのか見えない。

いずれにせよ、システムは巨大な計算量を使う。このために巨額のコストもかかる。これに応じることのできる企業はそれなりの市場を占有しなければならない。そうした能力をもつ企業は、私人であるにもかかわらず、既存の秩序を破壊し、新しい秩序をデファクトな標準として設けつつある。それはシステムの信頼性についても、ソフト・ローとしての機能を示すかもしれない（７・２参照）。

## 4　情報セキュリティ

人工物に脆弱性があると、そこに設計時には想定外であった脅威が加わり、その人工物はときには機能不全となり、ときには破壊されてしまう。その脅威は自然現象による場合もあり、悪意をもたない人間による場合もあり、悪意をもった人間による場合もある。情報システムも人工物であるが、そこにソフトウェアという脆弱なサブシステムを搭載しているので（表2参照）、その脆弱性は、前コンピュータ時代の人工物に比べて、とくに高い。この情報システムの脆弱性を外部の脅威から保護する機能を「情報セキュリティ」と呼ぶ。

### 4・1　安全文化対情報セキュリティ文化

前グーグル化時代の代表的なシステムに原子炉がある。ここでは、その脆弱性対策として、ＩＡＥＡ（国際原子力機関）の「安全文化」（一九九一年）がある。その要点は、原子炉の安全管理においては、当の炉を所有する組織（事業者）が、専門家を中心にトップダウンの方式で管理すべし、というものである。管理の責任は、そのユーザーには及ばない。ここではシステムの脆弱性を閉じた利害関係者のみで管理できる、管理すべし、という規範がある。

なお、原子炉にも多くの制御用コンピュータが搭載されているはずである。そのソフトウェア管理はどうなっているのか。部外者の憶測にすぎないが、数十年間にわたってバージョンアップはなく、あったものはバグ対応の「継ぎ接ぎ」（プログラマーは「パッチ」と呼ぶ）にすぎなかったのではないか。

いっぽう、情報システムに対してはＯＥＣＤ（経済開発協力機構）による「情報セキュリティ文化」（二〇〇二年）があり、こちらでは、情報システムのセキュリティにかんする責任は、その利害関係者すべてに、つまり政策決定者、事業者のみならず、一般のユーザーにもある、と指摘している（第3章参照）。情報セキュリティ文化は自己責任という概念を導くことになる。近年、この「自己責任」という言葉が頻用されるが、これはユーザーに自己防衛のための精神的緊張とコストとを負担させるものであり、ロビー活動に成功した情報関連事業者が編み出した概念といってよい（7・2参照）。

## 4・2 システムの隔離

改めて、情報セキュリティとはなにか、を考えたい。ランド研究所（合衆国空軍のシンクタンク）は、一九七〇年に情報セキュリティを「システムの隔離」と定義している。その意味は、

（1）内部情報を保護すること。

（2）ユーザー間に干渉のないこと。

としている。いずれにせよ、システムの利用をだれかの悪意から切ることを示している。このためには、社会の人びとを悪意のない人と悪意のある人に振り分けなければならない。ここに情報セキュリティの原型がある。

グーグル化のもとで（3・4参照）、情報セキュリティの概念は大幅に変質した。地球上では、どの個人も「友達の友達は友達」を六回くり返せばどんな個人にも接続できるという。これを「六次の隔た

り」と呼ぶ。その個人は「コネクティビティをもつ個人」へと変質した（3・3・1参照）。ランド流のシステムの隔離は困難になった。同時に、グーグルは情報セキュリティという巨大な外部不経済を作ったことになる。なお、「六次の隔たり」とはアルバート＝ラズロ・バラバシ（ネットワーク論研究者）の造語、「コネクティビティをもつ個人」はエリック・シュミット（グーグルCEO）の造語、である。

ここで配慮しなければならないのがランチェスターの法則である。防御側はその全域を防衛線で囲まなければならない。つまりその防衛力を分散配置、それも常時に、しなければならない。だが、攻撃側はその攻撃力を相手の防御線の一点に集中できる。しかも任意の時点で。勝敗は明らかだろう。情報セキュリティにもこれが言える。とくにグーグル化環境のもとでは。（F・W・ランチェスターは二〇世紀初頭の戦略研究者であり、私はこの法則を第二次大戦後のオペレーション・リサーチ導入期に知った。）

## 5　技術システム 対 法律システム

そもそも技術には、とくに情報システムの利用技術には、アナーキーなところがあり、法律とは反りの合わないところがある。以下、これを一般化して整理しておこう。

### 5・1　法律による世界解釈

「法律」は世界をどのように理解しているのか、法律自身をどのように理解しているのか、それをレイパーソンの眼で確認してみたい。（この項については、林紘一郎さん［経済学者にして法学者］の示唆におうところが多い。）

（1）法律は人工物である。
（2）法律は世界つまり社会をつぎのように理解する。
（2－1）世界は「主体」と「客体」とから構成される。
（2－2）主体は「自然人」と「法人」によって構成される。
（2－3）客体は「モノ」（有体物）と「その他」とから構成される。

この構造は日本法、そして日本法のモデルになったフランスやドイツの法にもある。英国と合衆国のそれも第一近似的には同じである。ただしフランス、ドイツと英国、合衆国とは新しい課題の「その他」への仕訳の手順が異なる。

ここで上記について技術者の視点で点検してみたい。まず、（1）と（2－1）については、技術者も同意できる。

（2－2）については、法人とは奇妙な存在である、と理解せざるをえない。それは主体であるといいながら、「人工物」つまり客体でもある。法人が人工物という客体であるのは、その英語名が「アーティフィシャル・パーソン」であることでも分かる。いっぽう、主体であるとは、それが人工物（たとえば機械）の発明、操作などをおこなうからである。

（2－3）については、技術者はあいまいな定義と考える。技術者は、客体をなんらかの保存則（質量、エネルギーなどの）をもつものと考える。だが、上記の分類では、エネルギーや情報は「その他」に入ってしまう。だから、「電力」を有体物と仮想化したり、「知的財産」や「プライバシー」という情報を「その他」という仮置き場に置いたりするのだろう。

ただし「情報」の扱い方、定義については、技術者のほうも揺れている。たとえば「情報はモノでもなければエネルギーでもない。情報は情報だ」と説いたのは、サイバネティックスの提唱者であるノーバート・ウィーナーであった（これは孫引き）。

## 5・2　技術および法律の社会的位置

私たちにとって、技術も法律も社会システムであり、それらは、いまや、インフラストラクチャーともいえる。それぞれがどんな特徴をもっているのか、レイパーソンの視点で整理してみよう。それを表4に示す。要約すれば、技術システムは自由競争をよしとする社会を支え、法律システムは相互信頼をよしとする社会を目指すものである。技術は変化を求め、法律は安定にこだわる、とも言える。

| | 技術システム | 法律システム |
|---|---|---|
| 目　的 | 便益の増大 | 秩序の安定&予見可能性 |
| 社会への実装 | 自律性&没価値性によって | 合意&強制によって |
| 禁忌あるいは呪文 | 進　歩 | 正義、人権、慣行など |

| | | |
|---|---|---|
| ユーザー | 誰でも、悪魔でも | 権力&その被支配者 |
| 正当化の手段 | 反証可能性、統計的検定、実験、ピア・レビューなど | 慣行への合致、説明責任など |
| 制御対象 | 全地球的、宇宙も | 国境内 |
| ユーザーの期待 | 好奇心の充足&報酬 | 安全の保障 |

**表4　技術システム、法律システムの社会的位置**

### 5・2・1　禁忌あるいは呪文

禁忌とは「言語では合理的に説明できないなにか」である【注3】。これは法律に特有の存在であるかに見える。正義、公平、人権、慣行など。

しかし、改めて考えてみると、技術にも禁忌がある。こちらは「禁忌」というより「呪文」といったほうがよいかもしれない。それは「進歩」、つまり「なんでも実現可能」という呪文である。これがあるので、「有限性」あるいは「成長の限界」という自然の特性が見過ごされがちになる。だが、その進歩はより大きい揺らぎ（超長期変動）の一部分かもしれない。

技術は進歩という呪文とともに社会に実装され、ここで「自律性&没価値性」という特性を示すようになる。この特性は、端的にいえば「両用性（デュアル・ユース）」となる。その両用性とは、本来、それが軍用にも民生用にも利用できることと理解されてきた（例、原子炉）。だがここでは、その意味を利便性の向上にも違法行為の実行にも利用できる、と拡げたい。情報技術はそのほとんどがこの特性をもつ（例、暗号、ピア・トゥ・ピア）。

【注3】一九七〇年代末であったか、私は法学者のKさんに接触した。教えを乞うためであった。Kさんは見ず知らずの私に快く応じてくださった。お願いの筋は、コンピュータ通信技術を既存制度のなかにうまく閉じこめることができるのか、ということだった。私は一〇人足らずのコンピュータ実務家に呼びかけ、私的な研究会を組織した。

Kさんは私に衝撃的なことをおっしゃった。正確な表現は忘れたが、およその内容はつぎのようなものであった。法律のなかには侵すことのできない規範がある。だが、その規範の正当性を合理的に説明することはできない、たとえば「死刑」がそうだ、と。いまにして思えば、Kさんの真意は、私たちの社会は、その安定を図るために、禁忌というものをもっている、その中核に法律がある、ということだった。根っからの技術屋であり、かつ要素還元主義者であった私は、禁忌というブラックボックスを社会にもちこむことに懐疑的だった。

もう一つ。私はKさんとの対話を、法学者と技術者のあいだの対話、つまり専門家と専門家とのあいだの対話と思い込んでいた。だが、それは私の誤解だったらしい。Kさんはその対話を専門家とレイパーソンのあいだのそれと意識しておられたと、いまにして思う。私はKさんとしだいに疎遠になり、せっかくの出会いを活かすことができなかった。

このときに、私は技術にも禁忌があることに気付くことがなかった。私は不明であった。

## 5・2・2　変化への対応

技術は変化する。だが法律は慣行を尊重する。そこで双方が乖離する。結果として、建築物における「既存不適合」、原子炉における「残余のリスク」などが生じる。だから正当化の手段は、法律の分野においては、それが技術にかかわる場合に紛糾する。

さらに、これは科学的証拠の扱いをどのような手順で認めるのか、という場合にクリティカルな課題となる。合衆国の裁判所は一九二〇年代にポリグラフの信頼性をめぐる訴訟（連邦対ジェームス・フライ）において、科学的な証拠の受け入れには「専門家の一般的な合意」が不可欠と示した。これは、その知識がつねに変化し、したがってそれについての意見が割れる科学技術分野においては、大きい足かせになった。ポリグラフの信頼性問題は、二一世紀になり、ｆＭＲＩ（機能的核磁気共鳴画像法）による脳画像の信頼性問題として再燃している。

ただし、連邦最高裁は一九九三年に薬害の信頼性にかんする訴訟（ウィリアム・ドーバート対メリル・ダウ製薬）において、科学的な証拠を受け入れるためには、反証可能性、統計的検定の有意性、ピア・レビューなどという条件のみで十分と示した。いずれも法律にはなじみにくい概念であるが、ここまでは認めたということだろう。ただしこの基準を示した連邦最高裁の判決のなかに、つぎのような反証可能性に懐疑的な少数意見もある。

理論の科学的位置がその反証可能性に依存すると言われたときに、その意味はなになのか、私はそれを知って当惑する（ウィリアム・レーンクイスト）。

これは科学的理論について述べたものではあるが、レーンクイストの真意は、科学も技術も、法律の禁忌には触れてほしくない、ということだろう。

（本稿においては、ここまでは意識的に「科学」という言葉を使わないようにしてきたが、それをいま破ってしまった。ここでは科学と技術とは第一次近似では等価のエンティティを指すとしておく。深入りは避けるが、私は科学を技術のサブセット［部分集合］であると考えている。）

## 5・3　専門家対レイパーソン

ここで法学系論文と技術系論文との違いを示したい。それは共同執筆の方式が違う、ということである。法学論文においては、共同研究の発表は単著の集合になる。つまり、法学者は閉じた著作を作る。自分の責任を重視するためだろう。いっぽう、技術系論文においては、それは共著となる。つまり技術者は開いた論文を書く。技術者は協力者を信頼するからだろう。

法律家は、専門家は法学者のみ、それ以外はレイパーソンと見なしているようだ。いっぽう、技術者は他の領域の研究者を専門家として扱う。ここに大きい違いがある。【注4】もちろん、技術者を専門家として扱ってくださる法学者もおいでになる。早川武夫さん（法とコンピュータ学会初代会長）がそうであった。

話題を変える。専門家といえども、自分の専門領域以外ではレイパーソンとなる。したがって、「専門家対専門家」という関係はじつは「専門家対レイパーソン」になる。前記のレーンクイストの懸念は、専門家とレイパーソンのあいだの合意形成は可能か、ということだったのではないか。

この課題をより一般化すれば、専門家と市民とのあいだの合意形成は可能か、その政策形成への反映は可能か、ということになる。日本では若松征男さん（科学社会学、『新通史』の参加者）が、これについて「コンセンサス会議」という社会実験をくり返し試行した。「混線さす会議」ではないかという冷やかしもあったが、その成果はマニュアル化され、これを継承したプロジェクトも現れた。（私は双方を、いずれも脇役として手伝った。）ただしここには問題も残されている。その問題とは、ここへの参加者（専門家も市民も）の選出をどのような手順で正当化するのか、それはできるのか、ということである。

【注4】私はトンネル掘削による震動ニューサンス訴訟で専門家として証言台に立ったことがある。このときに受けた弁護士からの質問は、私のもつ専門的な知識とかかわらないものであった。（一時期、私は土木工事のコンサルタントをしていた。）

## 6　自画像的な技術者像

### 6・1　ブレイクスルーという衝動

最後に、比較のためにレイパーソンとしての技術者の特性を自画像風に示しておきたい。表4から技術にかんするキーワードを拾ってみよう。「自律的」「進歩」「両用性」「好奇心」など。ここには、予定調和といった発想は微塵もない。技術は、人間のなかにある不可解な衝動によって駆動されている。これを市川惇信さん（システム工学者）は「できることは、やる」という衝動、あるいは「ブレイクスルー」という衝動、といっている。おなじことを加藤尚武さん（哲学者）は「空いた扉には入る」と示している。

ここで私は実存主義の思想家シモーヌ・ド・ボーヴォワールの文章を引用したい。実存主義者は技術に冷淡なはずである。その人につぎの言葉がある。

Aの次には、Bと言わなければ……。Bの次には、アルファベット全体であり、シラブルであり、単語であり、書物であり、試験であり、職業であります。瞬間ごとに新しい課題が現われ、それはまた彼を新規の課題の方に投げて、息つくひまもありません。……。この間、心臓はときめき、腕はなり、あたらしい計画はつぎつぎと生れて、私を前へ前へと押しやります」（青柳瑞穂訳『人間について』）。

ボーヴォワール自身はレイパーソンではない。しかも、ここでは技術に一言も触れていない。むしろべつのことを語っている。だが私には、この文章は現代の技術と技術者の姿を、その根っこにある人間の衝動とともに鮮やかに描いている、とも読める。

そういえばグーグルのシュミットは豪語している。「グーグルはあなた方が居る場所を知っている。あなた方が居た場所を知っている。あなた方が考えていることを知っている」と。

## 6・2　丸投げ、あるいは迂回

禁忌をもつ法律によってブレイクスルーへの衝動を抑圧された技術者には、つぎの二つの対応方式がある。

（1）その課題を法律家に丸投げする。

（2）その課題を迂回するさらなる技術を開発する。

（2）について補足すると、技術はここで「矛↓盾↓矛↓盾↓……」という無限ループに捕えられてしまう。吉岡さんがかつて技術にはマッチ・ポンプ性があると指摘していたが、おなじ理解だろう。

この二つの技術者の選択に対して法律家はどう対応するのか。（1）に対しては、その課題を「その他」（5・1参照）のなかに放り込み、まず仮想的な法律を作る。それは、とりあえずは、技術標準であったりする。これを専門家は「擬制」とは言わずに「ソフト・ロー」と呼んでいる（7・2参照）。

（2）の場合には、両用技術の負の面が表面化することになる。技術者が自己の行為に責任を負うということになる。これを支えるものが「技術倫理」そして「情報倫理」と呼ばれるものとなるのだろう。

ここで私見を述べれば、技術倫理、情報倫理は、技術があまりにも複雑化し、あまねく普及した現在においては、技術者自身に過度な負担をかけるだけのもの、と考える。【注5】個々の技術者にできることは、せいぜい、自己の行為について客観的なデータを集積しておくということだろう。理系でいう実験ノート、法学系でいうペーパー・トレイル、これを残しておくことだ。ここでは「ＩＳＯ９０００」のもつ文書主義の意味を読み取ることが参考になるだろう（第1章参照）。これは当の組織の信頼性を「システムとして」保証するものである。それは「個人として」の信頼性ではない。なお、ＩＳＯは国際標準化機構を指す。

幸いにもというべきか、グーグル環境のなかにおいて文書主義はM2Mによって可能となった。ただし、これを社会のなかに実装するためには、私たちのプライバシー概念を大幅に変更する必要がある（7・3参照）。

【注5】情報処理学会は一九九六年に『倫理綱領』を制定した。このときに、その草案作成のために学会外の多くの方がた（倫理学者、弁護士、法学者、企業法務の責任者、ジャーナリストなど）に助けを求めた。私は、光栄なことに、その取りまとめ責任者をさせていただいた。

私たちは、この綱領に二つの余白を設けた。ひとつは法三章的に、あるいは十戒的に単純なものにすること、もう一つは見直し条項を付加することであった。いずれも予想される急激な技術的変化に対応するためであった。

この綱領はいまもそのままの形で生きている。その後のインターネット環境の大きな変化を考えれば不思議ともいえる。忘れられたのか、迂回されているのか。

この倫理綱領に対しては法学者のKさんから、技術者は人権などにかかわる用語を使わないほうがよいと注意された。なお、草案の作成にあたっては、情報技術者は、弁護士や医師とは異なり、その専門性について公的な資格を与えられていない、ということも大きな論点であった。

倫理綱領がきっかけとなり、その後、私は多くの文系の研究者から学ぶ機会をえた。また文学研究科で教える機会も頂いた。物理学科の出身者としては僭越なことであった。問題は、私がそうした機会を活かす力量をもっていたかどうか、ということだろう。

## 7　一応の結論：相互監視へ

### 7・1　技術の部分最適化

技術は、さらに普及し、さらに高度化するだろう。だが、それを全域にわたって制御するユニバーサル・サービス的な機能を、この社会は失った。あるものは、部分最適でよしとするベスト・エフォートの環境である。「インターネットに次世代なし」とは土屋俊さん（哲学者）の言葉だが、たぶん同じ認識を示したものだろう。

部分最適の環境のなかで、技術者はブレイクスルーの衝動のもと、プロダクトやサービスをたえずバージョンアップし、計画的な陳腐化を推し進める。しかも、それらのプロダクトやサービスには、エンドユーザーには不必要なアプリケーションが多数搭載される。このプロダクトもサービスも、両用技術の性格をもっている。現に、作成者不明のマルウエアが、新しいものが、毎日、多数、出現し、目立たぬままに多くのレイパーソンのシステムを汚染している。

もう一つ、部分最適であれば、厄介なことは未来世代に回すことができる。

### 7・2　法律の部分最適化

法律の世界には、技術の分野から定義のあいまいなプロダクトやサービスをつぎつぎと投入されるようになる。法律も部分最適、そして既存制度の仮想化で対応せざるをえないだろう。ここでは「その他」（5・1参照）の部分における論理的な整合性は失われるだろう。

つまり、部分最適化であるために、社会の統制はチグハグになる。そのチグハグの点が事業者にとっては事業機会になる。規制のあるところ事業機会あり、だ。ここに事業者が寄生すると、それが既得権益になって制度を縛り、制度を硬直化させる。ここでは、たまたまロビー活動に成功した集団の利害が突出する（例、著作権制度）。したがって制度化も部分最適になる。最強のロビー活動の成功者は合衆国の事業者である。その合衆国は市場優先の政策をもっている。それは国境を越えて拡散するだろう。このように制度設計については経路依存性が強く働く。

結果としてここに多種多様なソフト・ローがつぎつぎと出現することになる。ソフト・ローとは、権力が強制する規範ではないが、これに従わないエンティティは経済的、道義的な損害を受ける、というものである。非拘束的な合意、事実上の合意、行動指針法、即席習慣法などとも呼ばれる、と聞く。グーグルのデフォルト画面（初期画面）もソフト・ローの一つといえる。

## 7・3　信頼の部分最適化

しかし、私たちはだれかへの信頼なしには社会のなかで生存できない。このためには一定の秩序つまり法制度を維持しなければならない。それはどのようになされるのか。ユーザーも部分最適化せざるをえない。

ユーザー集団の部分最適化は、不特定多数者の集団からつぎのようなサブセットを抽出した形となる。

（1）利害関係を同じくする集団。
（2）社会観、理念などを同じくする集団。

（3）相互監視の可能な規模の集団。

たぶん、上記のうち（1）＆（3）あるいは（2）＆（3）を充たせば、その集団は自律的な制御が可能となるだろう。いずれにせよ（3）は必要条件であり、その（3）は技術によってその集団の規模を拡張することが可能であるかもしれない。また、上記のサブセットを顧客とするサービスを設計し、これを事業化する、というセキュリティ事業者もより多くなるだろう。結果として、私たちは相互監視をよしとする社会に生きることとなる。

「進歩」という禁忌あるいは呪文を信じなければ、こうなる。

**【追記】**本書作成時に著者の念頭にあった書物。

（1）碧海純一『法と社会：新しい法学入門』中央公論社（一九六七）［法律擬制論］

（2）市川惇信『暴走する科学技術文明：知識大競争は制御できるか』岩波書店（二〇〇〇）［技術の制御可能性：その基礎論］

（3）加藤尚武『価値観と科学／技術』岩波書店（二〇〇一）［無限の進歩なし：その思想史的考察］

（4）サンスティーン、キャス（田沢恭子訳）『最悪のシナリオ：巨大リスクにどこまで備えるのか』みすず書房（二〇一二）［予防原則の基礎論］

（5）杉本泰治・湖上国雄『製造物責任法：法律家と技術者をつなぐ』勁草書房（一九九六）［工学者による法律テキスト］

（6）ソローヴ、ダニエル・J（大谷卓史訳）『プライバシーの新理論：概念と法の再考』みすず書房（二〇一三）［プライバシーの多義的な理解］
（7）竹内啓『偶然とは何か』岩波書店（二〇一〇）［偶然の多義的な理解］
（8）土屋俊『デジタル社会の迷いと希望』くろしお出版（二〇一一）［懐が深いインターネット論］
（9）名和小太郎『電子仕掛けの神：法制度をゆるがす情報通信技術』勁草書房（一九八六）［本書のプロトタイプ］
（10）林紘一郎『情報メディア法』東京大学出版会（二〇〇五）［情報法学の基礎論］
（11）廣瀬通孝・小木哲朗・田村善昭『シミュレーションの方法』東京大学出版会（二〇〇三）［シミュレーションの基礎論］
（12）メドウス、D・H他（大来佐武郎訳）『成長の限界：ローマ・クラブ「人類の危機」レポート』ダイヤモンド社（一九八二）［無限の進歩なし：そのシミュレーションによる考察］
（13）矢野直明『ＩＴ社会事件簿』ディスカヴァー21（二〇一三）［選択眼の確かな事故例］
（14）吉岡斉『科学文明の暴走過程』海鳴社（一九九一）［技術の制御可能性：その即物的な理解］
（15）Kenneth R. Foster, Peter W. Huber "Judging Science: Scientific Knowledge and the Federal Courts", The MIT Press（1999）［法学者からみた科学技術］
（16）Bart-Jaap Knoops "The Crypt Controversy: A Key Conflict in the International Society", Kluwer Law International（1999）［暗号政策の方法論］

（注）各書のさらなる紹介は名和ブログ「読書70年・書評30年」に。http://d.hatena.ne.jp/kotaro81/

# あとがき

吉岡 斉（二〇一五年四月十三日）

名和さんの得意分野が情報社会論であるのに対し、私の得意分野は原子力・エネルギーの現代史である。現代社会の大きな動きを俯瞰する視点をもつだけでなく、細部についても全方位的に基本的知識をもつことが、現代史研究者にとって不可欠の資質だと私は考え、日々研鑽につとめてきたが、情報社会について名和さんと対等に語り合うことなどできるはずはない。また名和さんにとっても原子力・エネルギーについて、専門家と議論するのは荷が重かろう。

いかにして得意分野を異にする名和さんと私が、自由な発想による対話を展開し、読者の知的興味を刺激できる共著作品をまとめるか、良いアイデアが見つからなかったため、思わぬ歳月を要することとなった。名和さんは傘寿を迎え、私も還暦を迎えた。ようやく「話し手」と「聞き手」を順次交代して対話を進める方式にたどり着き、めでたく最初の共著作品を世に問うことができた。

日本社会は二一世紀を迎えるとともに社会・経済活動の諸指標（とりわけ人口）が低落傾向となる「脱成長時代」に入った。それは今後も長く続く。人々の健康で文化的な生活を保障し、社会的連帯を劣化・崩壊させないための仕組みの構築が必要である。そのような未来社会の構築に役立てられてこそ、現代技術はその真価を発揮することができる。その実現のために、微力ながら引き続き尽力したい。

# あとがき

この本は、超多忙な人と超閑人との、専門家とレイパーソンとの、しらけ世代と焼け跡闇市世代との、体制批判者と体制便乗者との、実世界を踏まえる人とサイバー空間に舞い上がった者との、対話記録である。もちろん、吉岡さんが前者、私が後者である。二人の立ち位置は対照的であるが、それぞれの関心は重なっている。それは近未来の技術の在り方についてである。それを即物的にぶちまけたのがこの対話である。

私自身はといえば、幼年時に結核に罹りかけたものである。それが、ランダム・ウォークをしたあげく、なんと二一世紀まで生きながらえている。これは戦後日本の技術とそれを支えた制度そして経済力のおかげであろう。この幸運のなかで身に着けたノウハウのあれこれを近未来に外挿してみたら——これが私の目論見だった。だが、その見通しは、思いがけなく、悲観的なものになってしまった。

そもそも本書刊行の約束は三〇年ほどまえに遡る。それがやっと実現した。編集者の島原裕司さんはその三〇年間を辛抱強く待っていてくれた。

最後になってしまったが、本書を手に取ってくださる読者諸氏に、猫背を正してありがとうと申し上げる。

名和小太郎（二〇一五年四月一日）

## 著者略歴

（よしおか・ひとし）

1953年，富山県生まれ．科学技術史・科学技術政策専攻．76年，東京大学理学部物理学科卒業．和歌山大学経済学部講師・助教授，九州大学教養部助教授などを経て，94年より，九州大学大学院比較社会文化研究科教授（2000年より研究院教授）．2010年3月より4年間，九州大学副学長を兼任．2011年から12年にかけて，政府の東京電力福島原子力発電所における事故調査・検証委員会（政府事故調）委員をつとめる．また原子力・エネルギー関係の政府審議会委員を1997年よりほぼ切れ目なく18年にわたり歴任．なお民間の脱原発専門家組織の原子力市民委員会において，2004年9月より座長をつとめる．著書（単著）は，『脱原子力国家への道』（岩波書店 2012），『新版　原子力の社会史――その日本的展開』（朝日新聞出版 2011），『科学革命の政治学――科学からみた現代史』（中央公論社 1987），『科学者は変わるか――科学と社会の思想史』（社会思想社 1984），『テクノトピアをこえて――科学技術立国批判』（社会評論社 1982）など多数．また共著書は，吉岡斉編集代表『新通史　日本の科学技術　世紀転換期の社会史　1995年～2011年』（原書房，全4巻＋別巻 2011-12）など多数．

（なわ・こたろう）

1931年，東京下町の生まれ．東京大学理学部物理学科卒．工学博士．石油資源開発，旭化成，旭リサーチセンター，新潟大学および関西大学を経て，現在，情報セキュリティ大学院大学特別研究員．公職として国会図書館，科学技術会議，工業標準調査会，資源調査会，著作権審議会，統計審議会，文化審議会などの委員，専門委員を歴任．著書に『電子仕掛けの神』（勁草書房 1986），『技術標準 対 知的所有権』（1990）『サイバースペースの著作権』（1996）（以上，中央公論社），『雲を盗む』（1995）『科学書乱読術』（1998）『起業家エジソン』（2001）（以上，朝日新聞出版），『学術情報と知的所有権』（東京大学出版会 2002），『情報の私有・共有・公有』（2006）『著作権 2.0』（2010）（以上，NTT 出版），『ゲノム情報はだれのものか』（2002）『イノベーション 悪意なき嘘』（2007）（以上，岩波書店），『ディジタル著作権』（2004）『情報セキュリティ』（2005）『エジソン　理系の想像力』（2006）『個人データ保護』（2008）（以上，みすず書房）など．

吉岡斉・名和小太郎
技術システムの神話と現実
原子力から情報技術まで

2015年 5月11日　印刷
2015年 5月20日　発行

発行所 株式会社 みすず書房
〒113-0033 東京都文京区本郷5丁目32-21
電話 03-3814-0131(営業) 03-3815-9181(編集)
http://www.msz.co.jp

本文組版 キャップス
本文印刷・製本所 中央精版印刷
扉・表紙・カバー印刷所 リヒトプランニング


Printed in Japan
ISBN 978-4-622-07915-6
[ぎじゅつシステムのしんわとげんじつ]

| | | |
|---|---|---|
| 福島の原発事故をめぐって<br>いくつか学び考えたこと | 山本義隆 | 1000 |
| 漁業と震災 | 濱田武士 | 3000 |
| 福島に農林漁業をとり戻す | 濱田武士・小山良太・早尻正宏 | 3500 |
| ドイツ反原発運動小史<br>原子力産業・核エネルギー・公共性 | J. ラートカウ<br>海老根剛・森田直子訳 | 2400 |
| 自然と権力<br>環境の世界史 | J. ラートカウ<br>海老根剛・森田直子訳 | 7200 |
| 被災地を歩きながら考えたこと | 五十嵐太郎 | 2400 |
| 見えない震災<br>建築・都市の強度とデザイン | 五十嵐太郎編 | 3000 |
| ビキニ事件の真実<br>いのちの岐路で | 大石又七 | 2600 |

（価格は税別です）